U0730435

社 会 学

Sociology

［英］约翰·内格尔（John Nagle）/ 文

［英］皮耶罗（Piero）/ 图

符隆文 钟源 / 译

图书在版编目（CIP）数据

社会学 /（英）约翰·内格尔文;（英）皮耶罗图;
符隆文, 钟源译. —北京:生活·读书·新知三联书店，
2023.10　（2025.5 重印）

（图画通识丛书）

ISBN 978-7-108-07692-2

Ⅰ.①社…　Ⅱ.①约…②皮…③符…④钟…
Ⅲ.①社会学　Ⅳ.① C91

中国国家版本馆 CIP 数据核字 (2023) 第 124581 号

责任编辑　黄新萍
装帧设计　康　健
责任校对　张　睿
责任印制　卢　岳
出版发行　生活·讀書·新知 三联书店
　　　　　（北京市东城区美术馆东街 22 号　100010）
网　　址　www.sdxjpc.com
图　　字　01-2022-3906
经　　销　新华书店
印　　刷　北京隆昌伟业印刷有限公司
版　　次　2023 年 10 月北京第 1 版
　　　　　2025 年 5 月北京第 2 次印刷
开　　本　787 毫米 × 1092 毫米　1/16　印张 5.75
字　　数　50 千字　图 169 幅
印　　数　5,001－7,000 册
定　　价　39.00 元

（印装查询：01064002715；邮购查询：01084010542）

目　录

"功夫"社会学

知名社会学家**皮埃尔·布迪厄**（Pierre Bourdieu，1930—2002）在一部关于他工作和生活的纪录片里，提到过"社会学是一门武术"。布迪厄并不是说大家学习社会学就能自动变成黑带功夫选手，他其实想表达社会学的价值在于"揭露社会支配"，也就是揭露基于阶级、种族、性别和其他因素的社会不平等的形式。在我们的日常生活中，社会支配无处不在，但它经常被掩盖起来，使人难以察觉。对布迪厄而言，社会学的作用就在于揭示我们身边的社会支配及其运作机制。

　　这不是一本用于指导读者改变社会的自助指南或操作手册。本书的目的其实很简单，那就是通过介绍社会学主要的理论家、概念和观点，让读者熟悉这门学科丰富的思想传统。诚然，正如布迪厄所言，接触社会学就像学习一门武术。阅读本书也能让你得到一些对于建设一个公平和公正的社会而言必不可少的训练。

齐格蒙特·鲍曼（Zygmunt Bauman，1925—2017）

没有所谓的社会这回事？

1987 年，时任英国首相**玛格丽特·撒切尔**（Margaret Thatcher，1925—2013）在一次访谈中抛出了她著名的观点：

撒切尔关于社会的论断在社会学家看来，既认同，也不认同。虽然人们看似拥有"个人"行动自由和充足的选择机会，但我们的选择实际上受限于我们身处的社会群体。不过社会学家认为撒切尔说得对，是因为社会总是在变动之中，并没有一成不变的制度形态。在这个意义上，社会并不存在。

社会学是什么？

　　有没有办法简单地给出社会学的定义？这个任务似乎有点困难。作为学科的社会学已有超过一个世纪的历史，并且涵盖了不同的理论视角和研究方法取向。其中一种定义认为，社会学是一门系统性地研究人们如何受社会影响并同时影响社会的学问，同时社会学也研究与群体、社会和制度相关的现象。

霍华德·贝克（Howard Becker，生于1928 年）

　　社会学的目的或视角，在于揭示社会结构如何限制我们的生活，同时又为我们的行动提供条件。

　　社会结构（social structures）指的是人们之间相对稳定的、由制度塑造的关系。社会学勾勒出社会结构的样貌，让我们得以看清作用在自己身上的社会力量。

　　社会学挑战了将人类行为视作纯粹个人主义或由生物本能驱动的迷思。社会学鼓励我们去思考将我们变成社会一员背后的社会动力。

社会学的想象力

　　用社会学的方式去思考即是美国社会学家**赖特·米尔斯**（C. Wright Mills，1916—1962）提出的"社会学的想象力"。米尔斯说，当我们发展出一种社会学的想象力的时候，我们开始看到宏观社会力量和个人生活经历之间的关联。对米尔斯而言，社会学的想象力之所以强大，就在于它不将我们身边的诸多问题归咎于个人的过失，而是从社会层面去寻找原因。

米尔斯指出，培养社会学的想象力绝非易事。人们总是过于轻易地指责失业者的懒惰和贫穷者的软弱。同样地，当一名高中生以优异的成绩考入名牌大学，我们往往会说这是因为他天资聪颖。但是社会学的想象力促使我们反思种族、性别和社会经济的不平等，这些现象并非天然如此，而是社会世界的产物。

公共社会学

　　培养社会学的想象力是迈向公共社会学的第一步。公共社会学，就其字面含义而言，旨在把民众培养成更积极参与公共事务的公民。公共社会学希望走出"象牙塔"，走向公共政策。社会学一直以来就有深切的公共关怀。很多社会学家，比如**齐格蒙特·鲍曼**（1925—2017），之所以向我们解释社会如何运作，是希望我们去寻找改变社会的方法，造就一个更公平的世界。用社会学的方式去思考，我们将会看清原先被遮蔽的社会情境，也能领悟到我们绝非社会结构的囚徒。

　　社会学家对于社会的看法似乎相当悲观。事实并非如此。社会学家眼中的人是社会性动物，通过团结合作我们可以改善公共制度，创造一个公平的社会。不过，社会学家也承认，当前的社会普遍存在着各种各样的不平等、阶层分化和歧视。但这些现象并非天然存在。面对这样的社会现状，社会学家相信，作为独立个体和社会群体成员，我们能够改变自己的处境。

提线木偶和危险的巨人

彼得·伯格（Peter Berger，1929—2017）把社会世界比喻为提线木偶剧场。我们好比木偶，社会通过看不见的提线，设定了我们的角色。木偶的操控者躲在幕布之后。但是当我们掌握了剧场的规则，学会了如何扮演自己的角色，我们便能看到剧场运作幕后的机制。

欧文·戈夫曼（Erving Goffman，1922—1982）也看到了社会学的解放潜力，个人可以成为"危险的巨人"，推倒压迫在他们身上的社会结构。

社会学的渊源和诞生

　　如果说社会学的研究对象是社会力量，那么，是什么样的社会、政治和思想的理念与传统孕育了社会学这门学问？社会学是在 18 世纪晚期和 19 世纪早期剧烈的社会、政治和思想转变中发端的。在接下来的 17 页，我们将带领大家回顾社会学的发展历程。

　　让我们从那些孕育了社会学这门学科的智识观念开始。**启蒙运动**（Enlightenment）是一个很好的出发点。在 18 世纪启蒙运动的时代，人类迎来了前所未有的智力进步和政治觉醒。启蒙运动的推动者是当时属于激进派的思想家，他们用科学和理性而不是宗教和迷信来解释世界。其中有些学者采用一种建设性的科学视角来分析社会生活，他们认为一门研究社会的科学应该从理性原因来解释社会现象，而不是寻求神学或形而上学的解释。

约翰·洛克
（John Locke，1632—1704）

黑格尔和人类精神

德国哲学家**黑格尔**（G.W.Hegel，1770—1831）构造了关于社会和历史的"唯心主义"理论。在他的理论中，社会被想象成拥有自己的精神。他设想中的人类精神并不是一种社会性的力量，而是上帝神圣的显现。因此，虽然黑格尔的观点具有突破性，但是并不能称之为社会学。

黑格尔把历史描述为一场从本土迈向全球的缓慢且痛苦的转型过程。他认为**民族国家**（nation-state）的出现代表了一种重要的社会制度，人们生活在民族国家，社会的精神也寓于其中。黑格尔对社会学的发展所做的贡献，在于他开创了对社会制度角色的分析——比如宗教和政府——并以此来解释社会变迁与改革。

　　社会学的诞生源于复杂的社会和政治转型，而这都肇始于法国大革命和工业革命。这两场重要的革命改变了欧洲当时既有的社会形态。**法国大革命**（1789—1799）推翻了君主制王朝，创造出关于国家、宗教与社会生活、政治和社会改革的全新的突破性理念。贯穿于 19 世纪的**工业革命**则在科技进步的驱动下，形成了以工厂为核心的资本主义经济体系。

　　两场革命带来了社会分化的新形式，而工业化城市的发展搭建了新的历史舞台，让复杂的社会组织形式登台亮相。社会经济意义上的阶级就是在那个时期出现的。

　　面对史无前例的政治和社会转型及其所带来的混乱局面，早期社会学思想家试图解释工业社会产生的根源。他们提出了很多重要的问题，构成了社会学这门学科的核心议题。要回答这些问题，需要继续探究更多的问题。虽然早期社会学理论家关注的问题十分接近，但他们对问题的答案没有达成共识。

奥古斯特·孔德：社会学之名的由来

目前普遍认为是**奥古斯特·孔德**（Auguste Comte，1798—1857）奠定了社会学这门学科的思想基础。1839 年，孔德创造出"社会学"一词，用以描述他的观点。他深受科学的影响和启发，希望为社会提供科学的解释，并采用**"实证主义"**（positivism）的研究路径。实证主义通过研究可以观察到的现象来分析社会。

孔德认为理性思考加上客观证据能够增进人类对社会的理解，包括社会如何成功运转，以及为什么会出现历史转型。

奥古斯特·孔德

静态和动态

　　孔德在讨论社会如何运转和变迁的时候，提出了两个相关联的术语：“社会静力学”和“社会动力学”。

　　社会静力学（social statics）指的是让不同的社会制度得以关联共存的原则，社会因此能够相对平稳和谐地运转。社会被看作一个复杂的系统，通过协调融洽的结构实现整体的运转。社会整合的关键要素是社会制度，例如家庭和宗教。它们并不是孤立存在的，而是社会整体的有机组成部分。

　　社会动力学（social dynamics）则关注社会制度如何随时间而变化，进而出现社会转型。社会制度之间的信息流动以不同的方式改变了社会结构，人类的进步由此产生。

　　孔德认为，健康的社会系统内部存在的不同社会制度能够维持和谐的关系。**"社会分工"**——人们如何组织生产活动来满足物质需要——是维持社会平衡的关键制度。**语言**让群体成员彼此交流，为下一代传递价值观和知识。最后，**宗教**为人们提供了共同的生活目标。

　　孔德同时还认为，社会学将会成为推动人类迈向乌托邦的动力。在乌托邦世界里，科学和理性将我们从迷信和盲目信仰中解放出来。孔德提出了著名的**"三阶段定律"**（law of three stages）：世界历史分为三个相继的阶段，每一个阶段都由独特的社会制度组成。在最后一个实证阶段，将会出现孔德所说的"工业社会"。

　　孔德意识到工业社会的出现将会带来新的政治和社会危机。但是出于对科学进步的信仰，他认为这些问题将会在新的理性化的社会系统里得到解决。欧洲社会需要在科学和理性的价值基础上重建，这场重建需要创造出一种"人性的宗教"。这种世俗化的宗教以社会进步为己任，而社会学家就是这种新宗教的神职阶级。

斯宾塞和社会进化

赫伯特·斯宾塞（Herbert Spencer，1820—1903）的作品深受孔德的影响。他采纳了孔德所提出的社会静力学和社会动力学两个概念。相比于孔德，斯宾塞更进一步从一种"功能主义"的视角来解释社会。功能主义认为，社会的各个组成部分各有分工，以满足特定的功能或目的。

斯宾塞尝试从他的功能主义模型来解释社会变迁，在一定程度上借用了查尔斯·达尔文的进化论，并把进化论和孔德的观点相结合。他把社会动力学改造成"社会进化论"。社会进化包括**"结构性分化"**（structural differentiation），即看起来"简单"的社会逐渐变得复杂；以及**"功能性适应"**（functional adaptation），即社会如何适应变化和复杂的社会组织形态。

查尔斯·达尔文将"适应性"定义为生物繁衍上的成功，斯宾塞则相信社会的优胜劣汰，认为最能适应社会的制度形态将会存续。

卡尔·马克思：冲突与革命

　　孔德和斯宾塞都相信，工业社会时代的社会系统会创造出和谐与稳定。但在 19 世纪和 20 世纪初，有很多社会学思想家并不认同这一观点。与之相反，他们认为冲突和对立才是社会的基本特征。颠覆性的德国思想家**卡尔·马克思**（Karl Marx，1818—1883）就是其中一员。虽然他从来没有把自己的作品界定为社会学，但他是从社会学视角进行思考的，并且启发了后世的社会学研究。

　　在某种程度上，马克思与孔德、斯宾塞一样，相信社会变迁和进步。不过他的著作试图呈现的是围绕价值和资源的阶级斗争如何推动历史的前进。这里的历史指的不仅仅是工业社会，马克思把这一观点称为**"历史唯物主义"**（historical materialism）。任何一个社会的经济、社会和政治制度都是由生产方式所决定的。在每一个社会中，社会阶级彼此竞争，争夺生产方式的控制权，从而维护自己阶级的利益。马克思认为，工业社会的工人阶级将会赢得这场阶级斗争，带领我们走向共产主义社会。

　　马克思发现，社会中存在的各种社会制度，都是由经济结构决定的。一个社会的经济体系是社会的根基或者说社会基础，它不仅塑造了政治、法律和风俗习惯等社会制度，而且塑造了人们的意识和知识。观念和意识形态是由物质条件所决定的。

社会冲突

在马克思的作品中，有两个核心概念对于社会学的发展举足轻重。第一，他对社会冲突推动历史发展的分析，为社会学带来了**社会阶级**（social class）的概念。马克思描述了工业社会中的两大社会阶级之间的冲突：统治阶级和被统治阶级，或者说资产阶级（统治者和工厂所有者）和无产阶级（工厂工人）。

在这场规模巨大的冲突中，马克思预言工人们将会取得最终的胜利，他们将通过革命性的阶级行动推翻阶级压迫。胜利的果实就是实现共产主义。虽然马克思从未描绘共产主义社会的细节，但他认为那是一个平等主义的社会，由工人们掌握生产工具。

第二，马克思引入了**"异化"**（alienation）的概念，它指的是由处于无权无势的地位而产生的疏离感。在机械化的工业系统中，马克思认为资本主义使得工厂工人和他们的工作相异化、和他们生产的产品相异化、和他们的工友相异化，甚至和他们身为人类的本质相异化。

异化源于个体所属的社会阶级。因此异化是资本主义体系的后果。就这样，作为工厂所有者的资产阶级从工人们所遭受的异化中获益。异化有不同形式，其中一种关键的异化表现为了工作和薪水而相互竞争。

　　马克思撰写的这些突破性作品，奠定了公共社会学的根基。公共社会学家是致力于实现社会革命性变革的行动者。做研究和收集知识的意义，在于我们可以用来挑战有权有势的资本家和他们所建立的社会，然后创造一个没有社会经济不平等的世界。自此之后，做研究就应该从工人阶级的立场出发。

如果说"社会学的想象力"让我们意识到个人问题可以与宏观社会力量相关联，马克思则号召具有颠覆性的思想家们一起挑战**"虚假意识"**（false consciousness）——处在这种思维模式下，生活的不如意被认为是个人咎由自取，而不是资本主义社会的问题。

一旦我们开始理解生产方式及其与我们的关系，进而理解整个社会的运作，我们就迈出了挑战体制的第一步。马克思希望我们能够建立起一种**"阶级意识"**（class consciousness），意识到我们是如何被剥削的。

涂尔干：学科的发展

与马克思比肩的其他重要思想家也开始搭建社会学的基础。法国学者**埃米尔·涂尔干**（Émile Durkheim，1858—1917）深受孔德的影响，希望运用科学的方法来理解社会世界。涂尔干想要证明社会学作为一门学科，可以像科学一样在大学里取得一席之地。1895 年，他建立了大学里的第一个社会学系。

涂尔干科学取向的社会学源于他的信念。和马克思一样，他认为现代工业社会给社会大众带来了极其有害的后果。但是，他为工业社会开出的处方在很多方面都不同于马克思。

社会团结

　　涂尔干的社会学要义在于，他认为人类的行为模式会演变成现行的结构和制度。社会是一个复杂的有机体。作为一个整体，它大于部分之和。涂尔干追问这样的有机体在工业社会如何运转，他通过分析劳动分工来加以说明。在小规模传统社会里，劳动分工的形式是"**机械团结**"（mechanical solidarity），这是一种强烈的社区团结感，通过共享的信念和道德系统来维持。

　　工业社会的到来创造出一种新的劳动分工形式，也就是"**有机团结**"（organic solidarity）。有机团结指人们之间的社会关系建立在不同形式的专业分工基础之上，分工让人们团结在一起。

　　小型社会通过社会成员之间共享的道德意识加以维系，而现代工业社会的运作基础是功能上的相互依存。

社会事实

　　由此可见，社会规范对于维持社会运行至关重要。但是我们如何才能对它们加以研究？

　　涂尔干认为，规范、价值和宗教信仰独立于每个人而存在，它们是整个社会的"社会事实"的一部分。当我们扮演社会角色、承担社会责任时，我们总是就这么做了，而不会质疑为什么要这么做。这些社会角色几乎就像是我们的第二天性。这些行为、思考和感受的方式，深深根植于我们脑海之中，犹如一股强大的力量控制着我们。涂尔干将社会事实当作社会学研究的主要对象，从而把社会学和研究自然世界的科学区分开来。

犯罪

对社会事实的研究揭示了社会结构如何形塑人类的行为和价值观。社会事实证明了个体的行为举止在很大程度上是社会结构的产物。因此，这些"事实"是理解社会运转和社会团结的关键。

很矛盾的是，即便是犯罪行为，对于维护社会秩序也有一定的作用。涂尔干认为，在工业社会中，犯罪产生的部分原因在于工业社会的发展所导致的社会关系弱化。涂尔干对于犯罪行为如何被用于*确证*社会道德很有兴趣。犯罪之所以被定义为犯罪，就在于它违背了社会规范。

自杀

　　涂尔干为社会学研究所原创的一种研究方法，最早用于他在 1897 年出版的一本关于自杀的书。他的方法依赖于收集和分析统计数据。涂尔干不认为自杀是个体疾病所引起的，而是假设自杀具有社会根源，接着通过收集数据来论证他的理论。涂尔干对不同社会群体、不同国家和不同历史阶段的自杀率数据进行了细致的分析，发现每个国家内部的自杀率都是相对稳定的，但是不同国家之间的差别很大。在新教徒中，自杀的情况比天主教徒更常见。自杀率在新教国家比天主教国家更高，而且同一个国家的新教徒也比天主教徒有更高的自杀率。

　　只是简单地找出自杀和宗教群体之间的关系是不够的。涂尔干还解释了天主教徒和新教徒自杀率差异的原因：天主教徒有更强的社会控制感并且生活在人际关系更紧密的社区里，而新教徒更为个人主义。他的研究揭示出自杀背后的一系列社会因素：自杀率的升高与急剧的经济变迁有关，与是否单身和是否有孩子有关；而自杀率的下降则与生活在战争期间有关（无论所在国是输是赢）。

　　涂尔干的研究论证了**社会团结**（social solidarity）具有整体性的解释特征。当个人疏远于身边的社会群体，他们更容易选择自杀。在现代社会，个人主义盛行，而传统权威衰弱，自杀成为普遍现象。

马克斯·韦伯

　　早期社会学的另一位重要人物是**马克斯·韦伯**（Max Weber，1864—1920）。韦伯对于社会事实的看法不同于涂尔干，两人的差异特别体现在如何分析社会事实这一点上。韦伯认为，我们首先需要形成关于社会世界如何运作的基本概念，否则观察社会是毫无意义的。因此，韦伯指出社会科学家在做研究的时候，有责任坦承自己的个人偏见。社会学家总是倾向于从某种道德价值观来看待社会世界，也就是说，想做"价值无涉"的研究是非常困难的。

理想类型

社会学研究不可能完全涵盖社会行动的多样性和复杂性。相反，社会学家通过对比不同时期和不同地点的社会现象，概括出一般化的研究发现。他们如何才能做到这一点？韦伯认为社会学家应该使用"理想类型"作为工具。理想类型是一种建构出来的概念，通过选择和强调某些特征来概括现实。

韦伯的理想类型要找到社会生活的本质特征，尽管以这样的特征来概括社会生活会稍显夸张。例如，韦伯让我们去思考资本主义、新教徒女性或内战的理想类型。通过辨别这些事物的关键特征，我们才能开展系统性的研究。

　　韦伯对社会学的主要学术贡献是他关于社会变迁的讨论。在他的笔下，社会的转型是从传统社会迈向所谓的"理性"社会。随着社会步入工业资本主义时代，整个社会不可避免地经历"祛魅"的过程。同时，理性思维逐渐发展，成为主导的思维模式。

　　祛魅（disenchantment）是指所有的神秘和自发性观念在现代社会中都逐渐淡化。韦伯认为现代世界沉溺于效率和理性控制，试图掌控社会生活的方方面面，而这终将让我们困在一个"铁牢笼"里。韦伯所谓的铁牢笼，就是生活在一个基于理性计算的科层制社会之中。

新教伦理与资本主义

韦伯认为，现代社会理性化的根本原因在于资本主义的出现。他追溯了从新教改革到现代社会的过程中，价值和理念的转变何以推动现代资本主义漫长的诞生。

这个故事的关键在于特定的文化价值观的出现，将社会导向了资本主义。韦伯认为，资本主义精神最为明显地体现在新教及其"工作伦理"之中。他认为在新教神学体系和资本主义世界观之间，具有一种"选择性亲和"。韦伯关于新教神学体系的分析，论证了文化价值观念——比如宗教信仰——可以对社会变迁产生重要影响。

　　"新教伦理"带来了资本主义社会的萌芽。一般认为资本主义首先出现在新教改革成功的国家。有的新教教派将个人的经济财产视为上帝的恩宠。他们因而运用理性头脑，通过努力工作和自我牺牲来积累财富。这种信念促使人们将铺张浪费视为不道德的行为，并加以抵制。因此，经济财富往往被用于再投资，以创造更大的利润。

　　新教伦理奠定在一种禁欲主义的生活方式之上，包括努力工作、自我节制、勤俭节约和理性使用时间。

　　新教的禁欲主义生活方式还包括了其他形式的自我控制。性生活被认为是危险的，因为它唤起身体的愉悦，让人失去自我控制。性的功能是繁衍，而不是享乐。暴饮暴食同样被谴责，这是一个人缺乏自我控制的证明。后来，在资本主义国家，无论其人口是否由新教徒构成，新教伦理已成为社会生活的核心原则。

铁牢笼

　　"铁牢笼"是现代资本主义社会的产物。这样的社会由理性形式的社会组织构成，并创造出特定的生活形式。资本主义时代的大型组织和制度（特别是在工作场所中）推崇任务分工、技术胜任力、非人格化和个人纪律。理性化制度的典型就是国家科层制。**科层制**（bureaucracy）让我们服从于一系列的标准和僵化的规则，最终导致社会异化、窒息性的管控和人性的丧失。这就是生活在铁牢笼中的感觉。

结构功能主义：塔尔科特·帕森斯

　　新一代的社会学家在很大程度上分裂成了追随涂尔干和追随韦伯的两大阵营。美国社会学家**塔尔科特·帕森斯**（Talcott Parsons，1902—1979）致力于整合韦伯和涂尔干的观点，提出了**"分析性现实主义"**（analytical realism）的概念。帕森斯承袭了韦伯的观点，认为社会学的观察不可能独立于理论概念，而所有的概念都带有价值立场。同时，帕森斯也认同涂尔干的看法，即唯有社会事实能告诉我们世界是什么样子的。

帕森斯认为社会学需要建立一种"行动参照框架"，提炼概念以供社会学家研究社会行为，这些概念不同于自然科学研究中所使用的概念。最重要的是，社会学家应该尝试从研究对象的立场来理解事物。这个行动框架源于**"结构功能主义"**（structural functionalism），这一理论将社会和社会群体视为系统，整体性的社会结构将不同的系统联结在一起。

帕森斯认为，社会学家的研究目标是找出社会系统的所有组成部分，然后分析它们在系统整体中所发挥的具体功能。例如，帕森斯认为工业社会中出现的规模较小的"核心家庭"（由一对成年夫妇和他们的孩子组成），实际上反映出家庭在现代社会中的功能正在发生变化。当代家庭的作用是让孩子实现社会化，培养他们承担自己的阶级和性别角色。

符号互动论：赫伯特·布鲁默

结构功能主义在社会学里占据着统治性地位直到 20 世纪 70 年代。不过，也有一些社会学家批评功能主义忽视了**社会行动**（social action），没有讨论人们面对社会结构时所选择的思想和行为方式。他们还批评功能主义无法解释社会变迁。

作为对这些问题的回应，社会学家**赫伯特·布鲁默**（Herbert Blumer，1900—1987）发展出了一个名为"符号互动论"的理论。符号互动论认为，人们在互动中寻求实现共同的目标，而社会就是人们之间日常互动的产物。人们通过日常互动建构和维持一种共享的真实，社会由此而生。

　　布鲁默鼓励社会学研究者去挖掘社会群体赋予社会的多种多样的主观意义。布鲁默所谓的"主观"是指人类都是务实的行动者，他们必须要根据他人的行动不断调整自己的行动。我们之所以能够回应他人的行动，是因为我们将其视为一种符号，并且予以解读。社会并非如同功能主义者所认为的那样，是一种固定不变的结构。相反，社会由流动而且灵活的互动网络所构成。因此，社会学研究需要更加关注人们如何互动，以及在这个过程中我们作为个体如何形成一种自我意识。

城市化

布鲁默和其他符号互动论学者大多在芝加哥大学任教，芝加哥这座城市为他们的研究提供了场景。

赫伯特·布鲁默

彼时社会学作为一门学科得到不断发展，不但研究城市化的原因——也就是农村为何转变为城市，同时也关注城市化对社会的深远影响。社会学家开始探索小规模社会变成大型复杂城市的变迁过程。社会学家认为，这样急剧的转变源于快速的城市工业化进程，吸引了大量工人从乡村涌入城市。

德国社会学家**斐迪南·滕尼斯**（Ferdinand Tönnies，1855—1936）区分了**社区**（community，*gemeinschaft*）和**社会**（society，*gesellschaft*）。

社区所指的社会类型是居民共享同一种文化观念，并且由群体义务紧密联系在一起。社区的规模较小，其特点在于面对面的互动关系，以及相对稳定和简单的等级制度。

社会是指现代城市社会，鼓励追求个人利益和竞争性行为，并且根据社会阶级、性别和种族形成了日益复杂的社会分层模式。

另一位德国思想家**格奥尔格·齐美尔**（Georg Simmel，1858— 1917）对大城市进行了分析。齐美尔发现诞生于 19 世纪的工业化城市是一种资本化和机械化的社会，建立在专业化分工的基础之上。工业化城市的发展催生了**个人主义**（individualism）。然而，矛盾的是，个人自由的增加反而让人们更加互相依赖，因为人们的行动是彼此互补的。齐美尔认为，城市里的社会关系往往只局限于经济交易上。

个人主义在工业化城市中普遍可见。每个人都想出人头地。社会学家**索尔斯坦·凡勃伦**（Thorstein Veblen，1857—1929）提出**"炫耀性消费"**（conspicuous consumption）的说法，用来描述城市居民痴迷于购买商品来彰显自己的品位和社会阶级的做法。有时候，人们会做**"招妒性消费"**（invidious consumption），意图吸引别人羡慕的眼光，让他们对购买者优渥的消费能力感到嫉妒。

　　最系统的城市生活研究出自一群研究芝加哥的社会学家。他们被称为"芝加哥学派"，融汇滕尼斯、涂尔干和齐美尔的理论观点，形成了一种关于城市生活的理论。芝加哥学派的领军人是赫伯特·布鲁默、**罗伯特·帕克**（Robert Park，1864—1944）和**欧内斯特·伯吉斯**（Ernest Burgess，1886—1966）。他们把芝加哥城描绘为一个"人类生态系统"，在其中，不同的社会群体彼此争夺栖息地和资源。

　　芝加哥学派笔下的城市由一系列同心圆构成。在每一个圈层或空间里都会有一个主要的社会群体，而权势和影响力会决定他们所处的圈层位置。越靠近城市中心的群体，就会掌握越多的社会和经济影响力。

微观社会学：欧文·戈夫曼

广义上的社会学研究通常可以分为宏观社会学和微观社会学。

宏观社会学（macrosociology）主要关注较高层次上的聚集现象，由此分析社会结构和社会变迁的特征。通常会探讨国家层面甚至全球规模的社会力量及其对社会制度的影响。虽然宏观社会学很重要，但是它会忽视个人和小规模社会群体的行动及其对社会的塑造作用。

微观社会学（microsociology）致力于研究人与人之间面对面的互动。欧文·戈夫曼是一位微观社会学大师，他对一系列微观互动场景进行过研究。他研究过精神病院，也在苏格兰北部的设得兰群岛（Shetland Islands）进行过田野调查。戈夫曼对我们如何在他人面前展现自我认同很感兴趣。

译者注：设得兰方言，意为：风在黑暗中逐渐减弱。

　　追随符号互动论的传统，戈夫曼关注的是他提出的**"互动秩序"**（interaction order）：我们在其他人面前如何行动和表现。

　　通过研究互动，戈夫曼为社会如何运转提供了一种解释。互动秩序建立在隐含的仪式和行为规则之上，需要社会成员在面对面的互动中遵守。对戈夫曼而言，这些看不见的规则才是互动的关键，它们揭示了更宏观的社会结构，而结构又通过我们的行动搭建而成。

印象管理

　　戈夫曼提出了"拟剧论"，用于分析社会生活。这一观点呼应了伯格关于提线木偶剧场的隐喻。日常生活就像一个剧场，人们总是在舞台上扮演着特定的角色。在社会化过程中，他们被教导如此。在任何一个社会剧场中，我们要么是演员，要么是观众。作为社会行动者，我们把想要表现的一种自我形象传递给我们的观众。运用剧本、道具、服装、对话和姿态，我们所做的正是"印象管理"。戈夫曼认为，"自我"只有在表演以及在与其他人的互动中被接纳的时候，才会变成"真实"。

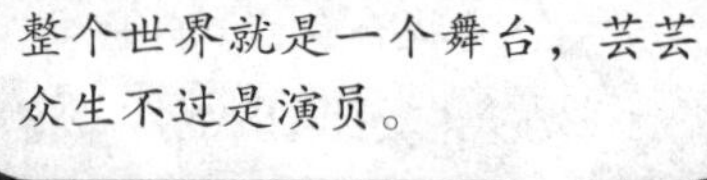

情感劳动

　　虽然拟剧论的比喻可以应用于社会生活的方方面面，但是这一观点在商业场景中更为明显。**阿莉·霍赫希尔德**（Arlie Hochschild，生于 1940 年）在美国对空乘服务员的研究中，将情感置于互动秩序的核心，从而扩展了戈夫曼的分析。情感表达非常复杂，但我们现在所生活的社会仍然将其视为个人身份的重要标志。

　　情感表现并不是单纯的生理现象，而是日益被雇主所操控。霍赫希尔德发现提供顾客服务的职业群体需要进行"情感劳动"，也就是根据组织的规章制度来管理自己的情绪感受。

　　情感劳动意味着我们将私人感情与组织期待结合在一起，对此我们要么进行**"深层行动"**（deep acting），要么进行**"浅层行动"**（surface acting）。

　　深层行动指的是员工发自内心地表达情感，与顾客建立紧密的关系。浅层行动则指人们所展现的情感并非真情流露，而是出于工作规范和要求。

　　每一名员工都像是个演技派，他们的身份认同也与情感表达息息相关。不过，霍赫希尔德借用马克思的异化概念，指出如果员工被要求展示不真实的情感表现，久而久之可能会让他们感到自我异化或痛苦。通过研究空乘服务员的工作经历，霍赫希尔德发现，空乘服务员需要面对的难题是如何在乘客恶语相向时努力保持淡定。

当代社会学：米歇尔·福柯

　　到目前为止，我们讨论的都是社会学这门学科的主要奠基人物。他们中的一些人仍然在以不同的方式影响着社会学的诸多研究领域，当代社会学家还在争论他们有哪些观点仍然能为现代社会提供洞见。

　　那么相对晚近的社会学思想家有哪些人？他们留下了哪些有影响力的作品？让我们从**米歇尔·福柯**（Michel Foucault，1926—1984）开始介绍吧。福柯并没有把自己的作品归类为社会学，更确切地说，他是一位博学家，在哲学、历史学、医学、文学批评和社会理论方面都有建树，我们很难把他划归某个单一学科。

社会建构论

　　福柯的作品关注的是权力、知识和"话语"之间的关系。福柯和韦伯一样，挑战了现代社会的发展是良性进步过程的观点。相反，他认为，现代社会的运作机制在于权力的扩张，表现为不同形式的监控与日俱增。

　　权力无处不在，特别体现在**话语**（discourses）中。话语是指嵌入在社会制度中的观念和语言。福柯认为，现代社会制度对我们的分类和界定，具有建构我们社会身份的权力。因此，他被认为是社会建构论的关键人物。社会建构论认为，社会现实是社会过程和实践建构的结果。

知识就是力量

　　福柯的建构主义立场最明显地体现于他对知识和监控之间关系的研究，这也是他最为重要的研究主题之一。福柯认为"知识"是最重要的研究议题。知识是社会权力的核心，如果你掌握了更多关于个人和群体的知识，那么你就拥有更大的权力来控制他们。

　　一般认为，知识就像民主和自由一样，将为人类带来解放。但是福柯试图论证的是相反的观点。知识也可以是相当危险的，因为它会创造出新的权力形式和更多的自我控制。知识可以限制我们的自由。

　　福柯在对不同类型制度的分析中，讨论了知识、权力和监控之间的关系。他的分析跨度长达几个世纪。福柯展示了制度如何逐渐发展成为社会控制。福柯认为，其中一种特别重要的制度就是"精神病院"。福柯指出，中世纪对待"疯癫"的态度不同于当代，彼时"疯癫"并不被视为一种疾病。相反，"疯子"常常是受到重视的社区成员，人们赏识他们独特的智慧。

　　随着 18 世纪启蒙运动的到来和医学科学知识的出现，"精神错乱"和"精神健全"之间划清了界限，"精神错乱"的人便被囚禁了起来。

现代社会（自 19 世纪晚期以来）创造了精神病院。作为一种新型的医院，精神病院更为人性化，它将精神错乱视为一种可以治愈的疾病。为了治疗精神疾病，我们需要更多这方面的客观知识。新的专业群体由此诞生，包括职业的精神科医生。人们积累有关精神错乱的知识，目的就是为了控制它。

福柯认为精神病院的出现并非为病人康复着想的善举，而是他所谓的"大禁闭"（Great Confinement）的一部分。"大禁闭"是指将不受欢迎的社会群体，例如贫困人口、性工作者、无家可归者和"疯子"，移出大众的视线之外。

社会分类

　　作为社会制度的现代精神病院并没有带来患者的康复，而是衍生出纷繁复杂的社会控制形式。福柯认为，将人们分类并贴上"精神错乱"或"疯子"的标签，会产生真实的社会效应。病人开始内化标签所描述的特征。为了以更人道的方式"治愈"精神疾病患者，人们需要更多的知识制作标签和分类，特别是收集更多关于医疗干预措施的数据资料。随之而来的是病人不得不经受实验性的治疗，并在生理和心理上受到控制。

监狱：规训与惩罚

福柯在关于现代监狱的分析中，进一步阐述了知识、权力和监控之间的关系。福柯的分析始于中世纪欧洲的监狱。彼时，惩罚是公开的，通常以相当暴力的形式进行，以此来打消围观者犯罪的念头。在 19 世纪国家管理的监狱出现后，惩罚不再那么暴力，也不再公开进行。

记录每一个罪犯的犯案细节和动机成为现代监狱的主要目的，由此诞生了犯罪学这门科学。**犯罪学**（criminology）为分类和标签提供了模板，它界定了什么是罪犯，以及他们和遵纪守法的普通公民之间的区别。改造的目的是让罪犯重新成为普通人。

　　现代监狱对罪犯施以控制，使其服从，这意味着什么呢？福柯指出，监狱的背后是监控和监视的权力，受到监控的个体要对自己的行为举止进行自我管理。福柯引用了英国哲学家**杰里米·边沁**（Jeremy Bentham，1748—1832）提出的**"全景监狱"**（panopticon）概念。在全景监狱里，一个守卫就能监视全部的罪犯，而这些罪犯并不清楚此时此刻他们是否正在被监视。

　　只要罪犯们认为他们正在被监视着，自然而然就会遵守规矩。换句话说，他们会对自己的行为做自我管理。全景监狱犹如存在着全视之眼，并不需要守卫真正出现在罪犯面前，就能够控制他们的行为举止。

　　福柯认为，上述监视和控制的过程，首先在精神病院和监狱出现并得到完善。随后这一做法扩展并几乎主导了现代社会的方方面面。在这个意义上，福柯和马克斯·韦伯的观点有相似之处。他们都关心当代世界何以被科层制系统和制度所定义，并由此带来理性化和非人化的后果。

　　显而易见，监控有三个策略：贴标签、可见性和资料收集。其他机构也借鉴了这些监控形式，当代社会因此发展成为一个**"全景社会"**（panopticon society）。全景社会借助多重监控系统，产生了不同形式的知识。无论是各种各样的专业群体服务（比如医生、税务工作者、企业家和教育工作者），还是脸书、谷歌、手机制造商这样的大型公司，都在全景社会中收集和使用这些知识。

监控社会

大卫·里昂（David Lyon，生于 1948 年）更深入地研究了他所谓的"监控社会"及其在当代生活中的扩散。社会制度运用愈发复杂的方式从个人、群体甚至全体公民手中获取电子化的数据资料。大数据需要持续收集和更新，其目的在于监视和控制日常生活的方方面面。

国家是大数据的主要收集者，它会告诉我们，这些数据对于维持人口健康和安全很有必要。然而，里昂发现这样的数据收集带来了一种民主的悖论：国家为了保障"自由"从我们这里收集数据，但是这么做实际上限制了我们的公民自由。因此，虽然国家此举的目的在于防范犯罪和恐怖主义，但这么做也让我们在通常不知情的情况下受到了监控。

　　除了国家之外的其他机构也在监控社会中扮演着重要角色。商业公司需要收集我们的购物选择，并根据这些信息向我们兜售更多产品。

　　我们的数据被采集，而后转售给其他相关机构。大卫·里昂认为，目前在数据交换方面，政府和企业之间的界限越来越模糊。警务和安全部门会从企业购买数据，比如手机通话和互联网检索记录。如今就像是身处19世纪的全景监狱中一样，我们也在体验被监控的感觉，而且我们很难直接感知到监控者的存在。

　　关于我们日常生活中的监控，有一个司空见惯的例子，那就是不断增多的闭路电视监控设施。我们被告知这样的监控有助于减少犯罪，保护普通民众，阻止盗窃和破坏行为。

　　但是这样的官方说辞是否真实可信呢？社会学家对闭路电视的监控者进行了研究。通过观察这些观看者，社会学家发现，从闭路电视发现罪犯并进行逮捕的案件，能够成功起诉的占比极少。监控并不是客观和中立的，摄像头会反映操作者的偏见。比如，年轻人、少数族裔、醉汉和乞讨者最容易成为监控的目标。监控并没有阻止犯罪，仅仅是把犯罪转移到了其他地方。这样的监控忽略了一个事实，那就是犯罪并非发生在某个特定的社会群体之中，而是广泛存在于整个社会。

失败的消费者

在社会学家眼中，监控社会的兴起带来了负面的效应。齐格蒙特·鲍曼探讨了闭路电视监控在我们的消费文化中的后果。他区分了"成功的"和"失败的"消费者。成功的消费者是那些买得起奢侈品的人，失败的消费者则是那些买不起的人。消费文化激起了所有社会阶层的购物欲望，但我们并非平等地参与其中。

冒充顾客在商店偷窃一定程度上就源于购买商品的社会压力。鲍曼认为，闭路电视监控的目的并非仅仅是防止失败的消费者入店行窃。它更重要的作用在于让穷人感觉不受欢迎，从而维持购物中心和商业街等公共空间不受这些"不受欢迎的因素"的影响。

皮埃尔·布迪厄

另一位当代社会学理论大师和福柯同样为法国人，他就是**皮埃尔·布迪厄**。在本书开头，我们曾简要地介绍过布迪厄。我们提到，他的作品旨在揭示维系社会不平等的微妙统治形式。布迪厄曾经于 20 世纪 50 年代至 60 年代为法国部队在阿尔及利亚服役。离开部队之后，他留在阿尔及利亚研究北非柏柏尔人群体的社会结构与统治形式。这一研究奠定了布迪厄作为顶尖学者的地位，他最终成为当代最杰出的社会学家之一。

　　布迪厄的研究议题对于我们理解社会阶层起到了非常重要的作用，他对当代西方社会中的阶层问题展开了复杂的社会学分析。他特别关注公立（国家）教育系统。公立教育系统奉行**精英主义**（meritocratic），意味着它更加青睐天赋、勤奋而非财富。然而，布迪厄的研究指出，教育是统治阶层实现权力和特权再生产的主要方式。在一个支持和维系社会不平等的系统中，教育占据着相当核心的位置。

文化资本

　　随着现代国家不断扩展的福利体系，普遍存在着一种关于教育的迷思：教育应该普及，并且应该奉行精英主义。

　　布迪厄用于分析教育的核心概念是"文化资本"。他提出这个说法用于描述经济领域之外的资源。文化资本包含了知识和技能，以及其他有助于实现社会流动的条件。文化资本和其他资源一样，在特定条件下可以转换为经济资本，例如获得学历。

　　布迪厄区分了三种相互关联的文化资本形式："具身化""客观化"和"制度化"。

　　具身化资本（embodied capital）指的是可以积累和培养的文化资本。布迪厄以健身来比喻"具身化资本"。我们努力把文化资本内化成为自我不可分割的组成部分，就好比通过锻炼来增加自己的肌肉一样。与此同时，我们的父母和我们所属的社会群体通过传递规范和价值，让我们掌握了具身化文化资本。我们在社会化的过程中获得了文化资本。通过学习的过程，具身化资本最终变成了个人习惯的一部分。我们借助文学和艺术等文化产品来积累具身化资本，这些积累也可以转化为资格证书。

客观化资本（objectified capital）是文化的物质形态，例如书籍和画作。它们通常也是社会地位的象征。

制度化资本（institutionalized capital）是官方认证和相关证书（比如学历证书），这是个人可以使用的文化资本，用于换取经济和社会资源。

　　无论哪种形式的文化资本，都能积累成为一种资源，让孩子们在学校或员工在工作岗位上取得成功。社会地位占优势的群体为义务教育和高等教育设定了优秀的标准，这一标准实际上反映了他们自己的权势和利益。学生们需要掌握一定数量的文化资本才能在考试中取得优异的成绩。来自上层阶级的学生从小积累主流社会的文化资本，让他们在考试中游刃有余。

　　确实也有一些工薪阶级的孩子能够在缺乏文化资本的情况下取得学业成绩，这在一定程度上体现了高等教育的精英主义特征。文化资本遮蔽了教育系统深层的不平等。

区隔与品位

在另一本重要著作中，布迪厄研究了中产阶级如何运用他们的审美品位来合理化阶层差异。他们将文化偏好用于评判社会阶层较低的群体。借助品位这个工具，中产阶级巩固了自己的权力和威望；同时，他们将其他社会群体的品位界定为低级的，自然也就维系了这些群体在社会结构中的从属地位。布迪厄认为，文化消费行为对于维持阶级差异至关重要。过去人们一度认为阶级划分取决于我们的生产能力（即我们的工作），而现在阶级越来越被认为与我们的消费能力有关。

　　关于古典音乐、抽象艺术和现代主义文学的品位（这些通常被称为"高端艺术"），统统都是文化资本的一部分，中产阶级以此来彰显自己的优越感，区别于工薪阶级和他们喜欢的大众艺术（也就是所谓的"低端艺术"）。

　　其实，如布迪厄所言，任何形式的文化都可以用于创造社会边界。比如说，你喜欢无咖啡因的大豆拿铁而不是速溶咖啡，这同样也体现出社会阶层差异。问题的关键不在于这些文化产品内在的性质，而在于我们赋予这些产品的社会价值。品位指的是你对于一系列文化资本的偏好，包括服装、家具、休闲活动、饮食等。甚至通过慢跑和在会员制的健身房锻炼等方式来维持苗条和健康的身体也可以看作一种品位。这些不同形式的文化资本在社会群体之间建立了区隔。

社会阶级

从卡尔·马克思提出阶级分析以来，它就在社会学研究中占据了核心地位。对社会学家而言，阶级是创造和维持社会分层的主要社会结构。布迪厄的作品对于当代社会的阶级研究具有重要的启示意义。

传统上，社会学研究对于社会阶级的测量依据的是个人的工作和职业地位。人们在一个特定社会阶层中的位置，主要取决于他们的工作类型是否属于签订"劳动合同"的常规或半常规职业。或者他们是否属于基于"服务合同"的专业或管理岗位。然而，很多社会学家对于这种传统测量方式提出了质疑，因为如此衡量阶级并不能全面地展现阶级差异背后的各种社会和文化因素。

到目前为止，你已经了解到布迪厄对于不同类型文化资本的分析。但是，为了更好地理解阶级，布迪厄认为我们需要考虑更多形式的"资本"。他认为一个人的阶级地位取决于其所能够取得的文化、经济和社会资本。人们能够得到的这些资本越多，他们所能达到的社会阶级就越高。**经济资本**（economic capital）建立在财富和收入之上，**社会资本**（social capital）指的是人们身处的社会网络。

　　布迪厄的三种资本形式为我们提供了一种分析社会阶级的理论模型。运用布迪厄的模型，社会学家总结出了 21 世纪英国的 7 种社会阶级。最顶层的是富裕的精英阶级，在他们之下是稳健的中产阶级和新晋富有的工薪阶级。再往下是传统工人阶级，包括缺乏资本的"无产阶级"和服务业工作人员，比如电话呼叫中心的员工。

阶级 1

阶级 2：稳健的中产阶级

阶级 3：技术中产阶级

阶级 4：新晋富有的工薪阶级

阶级 5：传统工人阶级

阶级 6：新兴服务业工作人员

阶级 7

后现代主义

正如我们在福柯的作品中读到的，**社会进步**（social progress）并不必然带来好的结果。福柯指出，知识的积累会侵蚀民主发展和自由。科学和技术的进步并没有像奥古斯特·孔德期待的那样带来乌托邦，而是导致核威胁和环境破坏。因此，人们对进步的理念失去了信心，这是当代社会的特征。

自 20 世纪 70 年代以来，一些社会学家开始质疑社会进步的概念，并提出社会学并非致力于实现社会进步。这种焦虑被认为是后现代主义的特征。后现代主义态度鲜明地与现代性及其对进步的追求决裂。

元叙事

后现代主义与进步理念分道扬镳，是源于人们普遍对科学、技术、政治与社会变革失去了信心。**让－弗朗索瓦·利奥塔**（Jean-François Lyotard，1924—1998）将"后现代状态"描述为"元叙事"的终结。

元叙事指的是具有总体化和普遍化倾向的论述和理论。作为一种宏观叙事，它们认为历史和社会背后存在着普遍真理。

其中一种元叙事认为，历史受到内在逻辑的驱动，朝向普世化的结局发展。马克思主义认为历史的发展必将走向全球共产主义，这就是一种元叙事。另一种元叙事则将自由市场和民主制度视为历史必然的终点。

　　利奥塔认为，我们的社会对元叙事持有怀疑态度。我们对于任何谈论进步的政治意识形态或科学主张都保持警觉。我们惧怕元叙事是因为它们试图让一切同质化，遮蔽异议的声音，甚至驱逐不符合它们理念的个人、群体和生活方式。此外，我们也深深地怀疑科学和技术在现代社会中的角色。

　　以信息形式呈现的知识，被政府用于社会控制，而不是当作可以解决社会问题的工具。利奥塔认为，知识的生产和使用是通过两种方式实现的——**范围**（field）和**合法化**（legitimation）。范围指的是那些有能力收集数据和知识的人能够控制它们的含义。合法化则讨论知识如何在权力、权威和政府的交织影响下成其所是。

　　后现代主义对于社会学而言意义深远，因为社会学作为一门学科随着现代性的出现而诞生，并且致力于理解社会变迁。如前所述，很多社会学家认为社会理论和分析并不仅仅是描述社会的工具。

　　比如奥古斯特·孔德就认为，作为科学的社会学通过发现历史背后的规律或原则，进而预测社会发展的未来。这是一种**历史主义**（historicism）的观点，即认为社会的发展会遵循历史的规律。历史是有方向和终点的。社会学的最终形态就是社会工程学，帮助社会改良，实现社会进步。

　　后现代主义质疑社会学以维护社会进步和改良为己任的主张。后现代立场认为我们永远不可能找到社会背后的规律，而人类的知识会随着时间而变化。并且，社会学家始终无法在研究中排除他们个人的政治和文化偏见。最后，后现代主义者还质疑了实证主义，而这恰恰是社会学这门学科的方法论根基。

社会学与性别

　　显而易见，本书到目前为止还没有讨论过女性社会学家和社会学对于性别的分析。对性别的忽视反映出男性在很大程度上主导了这门学科的成立和早期发展。社会学的目标在于挑战根源于社会的不平等和对立，然而值得注意的是，女性和性别长期以来并不是这门学科的核心议题。今时不同往日，20世纪70年代以来性别研究已经成为社会学的主要贡献之一。此外，从性别研究到整个社会学研究领域，女性开始成为这门学科的领导者。

性别是生理的还是社会建构的？

男性和女性之间的性别差异，是源于自然天性、基因还是受到我们所处社会的影响？社会学家认为，性别差异是社会建构的结果。我们的性别身份并非由生理上的性别差异所决定。我们需要学习成为特定性别的人，并且主动再现我们的性别角色。

社会学家反对**生理决定论**（biological determinism），这是一种**本质主义**（essentialist）的观点，认为性别不平等的根源在于生理特征，例如男性和女性在荷尔蒙和人体构造上的不同。本质主义的观点通常将男性和女性之间的结构性不平等予以合理化。

　　社会学家将"性"与"性别"做了区分。女性主义社会学家**安·奥克利**（Ann Oakley，生于 1944 年）写到，"性"指的是男性和女性之间在生理特征上的不同（比如染色体、性激素和生殖器官）。生理学并不能解释女性和男性在社会中所扮演的社会角色。

　　"性别"指的是社会赋予男性和女性的特征（例如，一般认为女性天生比男性更有爱心）。性别的社会建构说明了性别身份几乎不是变动不居的。社会的类型和我们在其中所处的位置，造就了不同形式的性别身份。

　　性别并非源于个体特征，而是随着历史条件、经历状况、地理流动和家庭结构变化等因素不断发生改变。

西蒙娜·德·波伏娃（Simone de Beauvoir，1908—1986）

社会学家认为，性别的社会建构在我们的生活中无处不在。我们从出生开始，就被赋予了两种性别中的一种。我们因此被教育成把自己的性别身份当作自然而然的事情，仿佛生来如此。塔尔科特·帕森斯（Talcott Parsons）指出，社会化的过程让我们接受了特定的性别角色，女性接受了女性气质的特征，而男性则习得了男性气质。

我们很快将外界赋予我们的性别角色内化，并将其代代传承下去。那些拒绝遵守性别角色的人，会被标签化为社会的"越轨者"。当一个人被贴上这样的标签，等待着的将是流言蜚语、社会排斥和暴力行为。

　　帕森斯是一位结构功能主义者，这意味着他将性别视为一系列社会角色，在维持社会稳定上发挥着重要的功能。他并没有说性别角色对于社会而言是一件好事，而是说性别分工的存在对于维持社会平衡至关重要。性别差异巩固了劳动分工，划分出属于不同性别的就业空间，产生出很多在传统上认为独属男性或女性的职业。

性别表演

　　不同于结构功能主义，在建构主义看来，性别并非我们在社会化过程中学习扮演的角色，因为如此一来作为个体的我们似乎无力抗拒。相反，社会建构主义者指出，我们是在积极地重塑自己的性别角色，甚至可以说我们是在表演性别。扮演男人或女人的方式有很多，并且通常与其他社会因素有关，比方说阶级和种族。

　　我们前面提到过，在社会互动中表演和展现社会角色的社会学理论，欧文·戈夫曼称之为"互动秩序"。当我们将自我表现出来并且得到其他人认可的时候，我们的自我意识才成为"真实"的存在。戈夫曼认为，社会实践并非单纯"呈现"自然意义上的性别差异，更多的时候社会实践直接创造出了这些差异。我们所理解的性别的"生理"标志——比如性器官——并不重要，重要的是社会互动，以及在此过程中我们赋予它们的丰富意义，使之成为区分性别的标志。

　　我们的性别意识源自日常与他人的互动过程，由此逐渐形成了与身边社群一致的关于性别"是什么"和"意味着什么"的理解。

　　激进的女性主义学者**朱迪斯·巴特勒**（Judith Butler，生于 1956 年）进一步扩展了性别表演的隐喻。性别是一种剧本，在我们的社会化过程中不断排练。我们就是这个舞台上的主演，通过衣着打扮、行为举止和文化消费来表演性别。巴特勒颂扬变装皇后——他们通常是男性，却表演着夸张而且刻板化的女性形象。对于巴特勒而言，变装皇后把所有性别角色都会有的表演成分展现得淋漓尽致。

　　然而，由于我们通常很少从表演的角度来看待性别，也就未能觉察社会现有的性别定义如何制造出男人和女人之间的不平等。社会学家的首要任务就是挑战性别的本质主义定义。通过揭示出性别的建构和表演特征，我们才能着手解决女性在社会上所遭遇的结构性弱势。性别规则是有历史脉络的，并且有赖于人们不断将这些规则实现。巴特勒让我们关注那些质疑性别真实性的性别表演形式。

朱迪斯·巴特勒

性别秩序

　　世界上的所有社会都是建立在性别分工的基础之上，由此财富、权力和特权在男人和女人之间的分配是不公平的。性别不仅仅是社会差异的建构，而且也用于论证男女之间不平等的合法性，维持男性对女性的剥削和统治。这样的社会组织形式被称为**父权制**（patriarchy）。

　　社会学家在研究性别议题的时候，特别关注父权制的具体运作机制。父权制可能会以显而易见的形式存在，比如"男主外，女主内"的预设。但是，很多时候父权制的表现更为复杂。

霸权式男性气质

　　为了更好地理解父权制的运作，有必要分析男性是如何维持他们在社会中的权势地位的。社会学家关注在某个具体社会中男性气质的建构方式。澳大利亚社会学家**康奈尔**（R.W.Connell，1944—　）提出了"霸权式男性气质"的概念，用于描述支撑父权制的男性身份认同形式。霸权式男性气质是一种关于男性气质的文化理想，维护了性别秩序中的统治和压迫的社会结构。它为所有的男性提供了一种自我定位的样板。

　　康奈尔认为，社会学家的作用在于识别霸权式男性气质的不同形式，并揭示出霸权式男性气质如何巩固社会秩序的基本结构。

　　父权制和霸权式男性气质会将性别不平等予以合理化，但是并非所有男性都能从中获益。有些男性通过霸权式男性气质得到的好处更多。他们建构出一种男性气质来获取更多的社会、经济和文化资本。相比于社会阶级较低的男性与少数族裔男性，父权制更有利于社会阶级更高的男性和属于多数族裔的男性。在同一栋大楼里，一位中产阶级白人办公室经理会比一位少数族裔的移民清洁工享有更多的特权。

变迁中的男性气质

从 20 世纪晚期到 21 世纪初发生的巨大变化，改变了女性和家庭在工业社会中的传统角色，并由此引发人们对于男性气质及其社会变迁的重要思考。

在西方社会，进入大学就读的女性比男性更多了。现在男女之间的性别分工已经不再明显，男性和女性要竞争同样的岗位。在这样的情况下，男性也开始关注和打理自己的身体和外表，同时也开始在工作中投入情感劳动，而过去人们只会期望女性这么做。女性已经成功地颠覆了传统规范，男人不再被默认为是养家糊口的家庭领导者。

男性气质的危机

　　康奈尔认为霸权式男性气质是一种理想的身份认同，只有极少数男性能够真正做到。那些能够驾驭这种身份的男性获得了优越的社会地位，享受着康奈尔所说"父权制红利"。

　　至于那些无法实践这种理想身份的男人，他们面临着"男性气质危机"，因为他们身为男性的传统角色受到了威胁。一些社会学家认为西方社会中的男性更容易罹受抑郁的困扰。当他们失去自己的地位时，甚至会萌生自杀的想法。

同性恋的男性气质

　　康奈尔认为在霸权式男性气质建立的等级之下，有很多处于从属地位的男性气质和女性气质，其中就有同性恋的男性气质。如果说霸权式男性气质被认为是身为男人的表现，那么在依据性别秩序建立的社会中，同性恋男性显然不符合男性气质的标准。康奈尔并不是在说同性恋男性就低人一等，他想说明的是同性恋是一种被污名化的身份，在男性所处的性别等级结构中位于底层。

霸权式男性气质建立起一种异性恋的身份形式，由此产生了恐同心态，也就是对同性恋男性的憎恨。恐同心态反过来维系了异性恋的身份认同。同性恋男性被看作是"正常"男性身份的对立面。

种族和族群

社会学对于种族和族群的研究几乎自这门学科诞生之初便开始了。这里不能不提到非裔美国社会学家**杜波依斯**（W. E. B. Du Bois，1868—1963）的贡献。他既是重要的社会改革家，同时也是民权运动的积极分子。杜波依斯在哈佛大学攻读社会学，成为哈佛大学第一位获得博士学位的非裔美国人。杜波依斯的作品探讨了非裔美国人的社会世界，不但为种族和歧视的研究做出了卓越的贡献，同时也推进了社会学研究中统计数据和图表的运用。在一项关于美国费城非裔美国人聚居区的研究中，杜波依斯借助访谈、个人观察和档案来记录黑人社群的生活。

杜波依斯

　　杜波依斯早期的研究是关于美国费城非裔美国人聚居的贫民窟社区的。他将这些社区视为社会系统，因此成为第一个系统性探究种族主义在社会和经济结构中如何运作的社会学家。

　　种族主义不仅仅是一种哲学视角，认为黑人比白人低一等。针对黑人群体的偏见和歧视的目的，还在于形成廉价的劳动力来源，以供资本家剥削。

在《美国黑人社群的重建（1860—1880）》这本出版于 1935 年的著作中，杜波依斯运用马克思主义来分析种族问题。

　　杜波依斯的早期作品寄望于有良心的白人领袖和商人，希望借助他们的力量来推动社会变革，结束种族主义。但最后他得出的结论是，这些人并无意于解决种族问题，因为他们才是这个种族分裂的社会的受益者。

双重意识

　　杜波依斯特别关注非裔美国人在日常生活中如何体验和理解种族主义。他提出了"双重意识"这个概念，用于描述黑人群体如何内化歧视与偏见，深刻地洞察了美国社会体制中的张力：这个社会为自己的公平和平等而骄傲，却又容许种族歧视存在。黑人社会的文化和个体成员的心理感受常常建立在用美国白人的种族主义眼光来打量自己的基础上。当黑人群体尝试融入美国社会，同时还想保持独特的种族身份认同的时候，他们就产生了双重意识。

社会学与移民

　　在社会学关于种族和族群的研究中，移民是一个核心的研究领域。美国作为移民国家而闻名，"二战"以来很多西欧国家也逐渐演变成为移民社会。移民可能是非自愿性的，例如逃离战争的难民。不过社会学家通常更关注*自愿性*移民，及其背后复杂的影响因素，例如对原籍国生活条件的不满和对富裕地区更好生活的向往。很多时候，国家会吸纳移民来缓解劳动力的短缺。粗略估计，现在全球共有超过 2.2 亿的移民。

　　社会学家研究了"二战"后欧洲移民所遭受的各种各样的种族歧视。他们关注**"种族化"**（racialization）现象，即社会分裂成依据种族特征形成的不同社会群体的过程，这些群体基于肤色或是语言而彼此对立。社会学家认为，种族化通常将特定的少数族群视为底层的社会群体，让歧视顺理成章，也维系了主流群体凌驾于他们之上的权力。

　　社会学家用**"种族主义"**（racism）这一概念来说明建立在种族歧视话语基础上不平等的社会制度与社会过程。**"制度化种族主义"**（institutional racism）指的是系统性地造成少数族群弱势地位的公共制度。例如，由于英美的警察对待少数族裔群体的方式，他们被批评为制度化种族主义的帮凶。

文化种族主义

　　研究移民和种族的社会学家发现，自 20 世纪 60 年代以来，用于合法化种族主义的语言发生了变化。过去，种族主义语言强调的是白人比之于其他族群在精神和智力上的优越性，而现在为种族主义辩护的是文化身份。社会学家**保罗·吉尔罗伊**（Paul Gilroy，生于 1956 年）发现，英国的媒体和政治人物在谈到来自加勒比地区的黑人移民的时候，认为他们的文化观念和英国人的文化观念无法和谐共处。在 20 世纪 50 年代，这群人被描绘成"皮条客"；到了 80 年代，他们又被认为是"抢劫犯"。

　　这种新兴的文化种族主义与英国在 20 世纪 70 年代末的政治转型有关。吉尔罗伊认为彼时英国进入了一段长时间的经济与政治危机，它失去了帝国的地位和作为生产基地的殖民地。在这个背景下，种族和国家政治催生了新兴的文化导向的种族主义。人们描绘移民的形象，强调他们格格不入的特征，并突出黑人群体的犯罪倾向。吉尔罗伊和其他社会学家指出，在国家干预的关键领域如教育和警务，都受到了文化种族主义的影响。

　　文化种族主义的强有力之处在于它能够应用于不同的国家及其移民问题。移入国运用文化种族主义的说辞，把自身建构成为种族单一的国家和社会，而那些拒绝融入的移民对这里的传统生活方式构成了威胁。因此，移民的文化身份成为国家和谐的威胁，在移入国的社会显得格格不入。文化种族主义建立在**排外观念**（xenophobia）的基础上，这个观念是指对来自不同文化背景的人抱有深深的恐惧。移民不仅是一种文化威胁，同时被视为影响了国家的团结凝聚，因为他们被控诉抢走了移入国成员的工作。

伊斯兰恐惧症

　　随着过去几十年间新一批移民的到来，英国和很多其他欧洲国家的移民模式也发生了改变。文化种族主义是否还能够用于描述移入国和新移民之间的关系？社会学家认为，可以通过考察部分西方国家出现的伊斯兰恐惧症来回答这个问题。伊斯兰恐惧症是一种对于穆斯林移民的身份认同与文化实践的恐惧感，认为穆斯林文化对人权、民主和政教分离等西方核心价值观构成了威胁。

　　社会学家研究了女权问题如何用于论证伊斯兰恐惧症的合理性。比如，某些西方报纸聚焦于来自撒哈拉以南非洲地区的一些穆斯林群体所做的女性割礼，这种做法被认为损害了女性的权益。一些穆斯林女性穿着的头巾或罩袍同样被认为是站在了西方价值的对立面，违背了个人的选择自由。社会学家认为，伊斯兰恐惧症的目的在于将穆斯林移民刻画成出现在所谓的"进步"和"民主"的西方国家里的危险群体。

多元文化主义

　　文化常用于描述移民群体的差异，社会学家将其与公共政策结合进行考察。其中一个尤为重要的例子是关于多元文化主义的政策。多元文化主义认为少数族裔群体具有不同于主流人口的文化身份特征。移入国应该对这些文化身份特征予以辨认，并适应这些特征的存在。

　　多元文化主义是文化同化政策的对立面。后者试图让移民遵从移入国社会的价值与规范。

多元文化主义从何而来？事实上，它的出现旨在建立一种新的社会系统，终结种族主义和歧视。在多元文化主义观念的发展过程中，德裔美国人类学家**弗朗兹·博厄斯**（Franz Boas，1858—1942）扮演了重要角色。

博厄斯的作品写于科学种族主义盛行之际，并对此提出反对意见。科学种族主义研究声称不同种族之间有等级差异，体现在生理和生物学特征上。这些研究将欧洲白人视为最高等级的种族，其他种族等而下之。种族歧视由此披上了由科学提供的学术外衣。

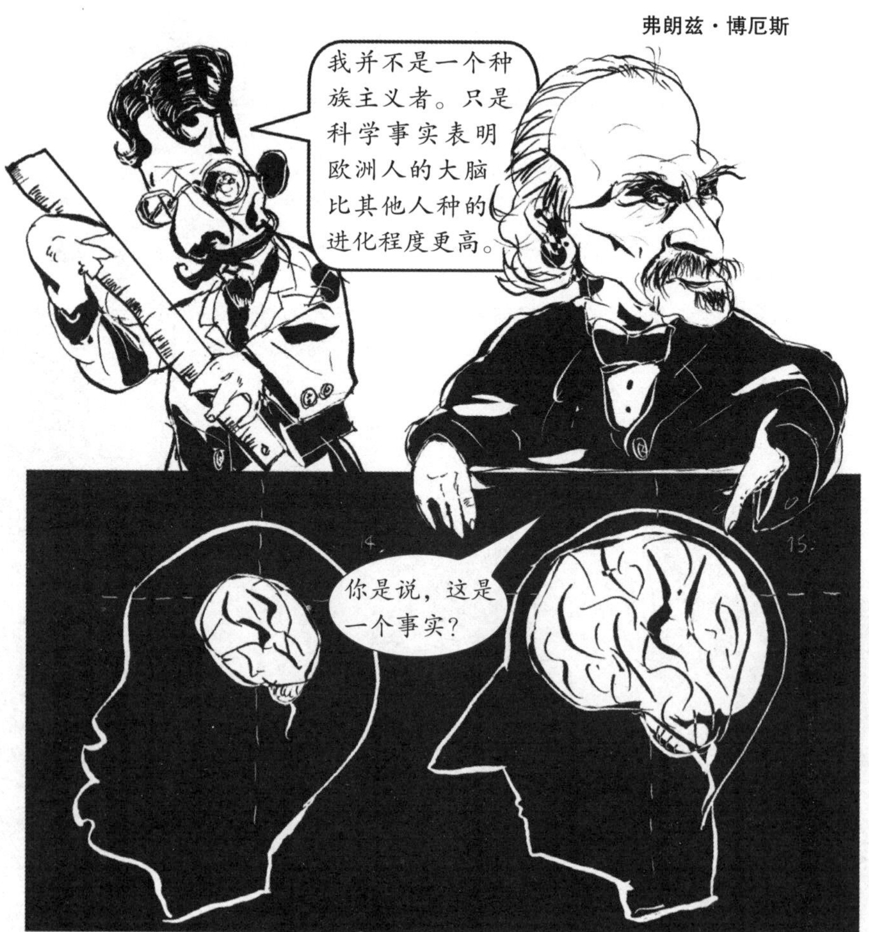

文化相对主义

博厄斯提出在不同种族之间没有根本性的差异；相反，文化在造就不同的人类文明上发挥了更重要的作用。博厄斯认为，我们身处的文化社群——族群、宗教、国家——塑造了我们身为人类的特征，以及我们与社会的关系。

在不同的文化背景下，标准和价值观是相对的。因此，博厄斯认为文化之间无法比较，也不可能排出等级高低。这种认为所有的文化都不能进行等级排序的看法就是"文化相对主义"（culural relativism）。文化相对主义者认为我们不但应该倡导文化多元，更要接受它是社会运转不可缺少的关键部分。

承认

  多元文化主义者认为，人类作为群体成员，是通过共享的文化身份认同联系在一起的。不同群体都希望自己的身份认同能够得到其他群体的承认。当有群体拒绝承认其他群体的文化身份认同，甚至予以贬低时，就会导致压迫和不公平。

  多元文化主义要求我们承认少数族裔群体特殊的文化身份认同，营造更宽容的社会氛围。文化身份认同包括宗教习俗、语言、音乐和艺术等。国家多元文化主义提倡开设宗教学校，将少数族裔群体的文化身份认同纳入学校课程和大众传媒，甚至在公共住房和工作分配上采取平权行动（积极性的差别待遇）。

多元文化主义代表了不同于传统的另一种实现社会公平的方式。

个体—融合主义取向的政策将我们视为独立的个体，国家因此不应该对我们区别对待。社会学家**塔里克·莫都德**（Tariq Modood，生于 1952 年）指出，多元文化主义在对待少数族群上不同于融合主义，因为多元文化主义明确地承认不同群体存在的社会事实。我们不能闭上眼睛假装移民群体的文化身份认同不存在。

　　文化同化要求移民群体调整自身的文化实践，使之符合主流社会的要求。而多元文化主义要求不同社会群体相互适应。

　　多元文化主义的目标是增进移民和主流人群的相互理解，进而在他们之间建立起共识，构建共同的国家认同。

批评多元文化主义

　　是否所有的社会学家都认同这一点：多元文化主义可以带来渐进式的反种族主义政治？很多社会学家担心多元文化主义的实际效果可能截然相反。**凯南·马利克**（Kenan Malik，生于 1960 年）认为，多元文化主义鼓励人们从自己所属的社会群体来认识自己，这会让社会走向群体隔离，不同的社会群体之间不再互相往来。

凯南·马利克

　　鲍曼认为多元文化主义限制了社会群体团结合作的可能性，难以克服不同形式的不平等与歧视，因为多元文化主义认为群体之间相互区隔是合情合理的，这就让严肃的跨文化沟通变得愈发困难。

本质主义与跨文化主义

　　多元文化主义面对的另一种批评认为，它将文化和群体身份认同视为固定不变的现象，提倡本质主义立场，将族群视为高度同质化且永远存在的事物。不同于多元文化主义预设的本质主义立场，一些社会学家转而提倡"跨文化主义"（interculturalist）的立场。

　　跨文化主义立场认为并不存在所谓纯粹的文化，文化并不单纯属于某一个群体。在跨文化主义者看来，我们应该鼓励的是文化融汇与混合，将不同的文化形式调配在一起，从而创造出一种全新的文化，代表着生活在这个社会中的所有群体最好的一面。

全球化

我们生活在一个相互联系日益紧密的世界里。地方性事件和地区受到全球范围内发生的大事小事的影响。它们可能受到全球变暖和气候变化的刺激，或者受到金融市场和跨国公司扩张的影响。因此，人们正在形成一种全球一体的意识，这个过程被称为"全球化"。全球化对我们社会世界的影响已经成为社会学的一个主要研究主题。不过，社会学家很少就全球化的根本原因或其主要后果达成共识。

时空压缩

我们的世界似乎正在缩小。同时，由于交通和通信速度的提升，我们的生活节奏也越来越快。社会学家和地理学家**大卫·哈维**（David Harvey，生于 1935 年）将这种地理空间的压缩描述为"时空压缩"。

例如，在 18 世纪，风力帆船是当时主要的长途旅行工具，平均速度是每小时 16 公里。到了 21 世纪，喷气式飞机以每小时 800 公里的速度带着我们穿越地球。以互联网和卫星技术为代表的数字化通信手段，缩减了绝对距离和相对距离之间的差距。绝对距离是指两地之间的直线里程数，而相对距离是指在当前技术条件下两地之间的交通距离。

　　由此可见，时空压缩的背后是科学和技术的进步。哈维进一步论述了两者之间的因果关系。他认为，科技进步是由近期资本主义商品生产方式转变所推动的。

时空分延

    如果不考虑人们实现快速旅行的能力差异，大家在空间压缩上的体验是否相同？如果我们的世界正在缩小，这会对社会关系产生什么样的影响？英国社会学家**安东尼·吉登斯**（Anthony Giddens，生于 1938 年）用"时空分延"（time-space distanciation）这个概念来回答上述问题。在传统社会，社会互动需要人们同时在场，并且以面对面互动为主。同时在场使得此时此地的体验异常重要。吉登斯认为全球化增强了人们在不同时区的远距离沟通与互动的能力。

安东尼·吉登斯

世界体系理论

伊曼纽尔·沃勒斯坦（Immanuel Wallerstein，1930—2019）同样认为全球化是资本主义发展的产物。他称资本主义为一个"世界体系"，这个系统经过了几个世纪并最终在 20 世纪晚期发展成熟。

伊曼纽尔·沃勒斯坦

从 16 世纪起，技术进步和市场制度推动欧洲国家开始探索世界的其他地区，寻求资源和交易。它们特别要找的是自然资源。这样的探索滋养了资本主义的发展，沃勒斯坦把这个过程描述为"无穷无尽的资本积累"。资本主义总是在不断寻找更便宜的原材料和新的消费者。

中心和边缘

　　世界体系意味着没有国家能够完全置身于资本主义的整体框架之外。无论它们的意愿如何，所有的国家都彼此关联，整合在这个体系里。问题是，每一个国家在这个体系中的位置如何。沃勒斯坦提出了"中心—边缘"来说明国家在体系中的关系。

　　中心国家是具有经济和军事实力并且引领技术发展的国家。它们运用自己的实力，通过索取原材料（如石油、天然气和矿产）和廉价劳动力，剥削贫穷和羸弱的**边缘国家**。边缘国家通常处于政局不稳的状态，工人们的工作条件很糟糕。它们通常背负着源自中心国家巨额的金融债务，最后还要接受来自中心国家的援助。作为缓冲地带的**半边缘国家**，则处于工业化发展的过程中，有一定的实力来抵御中心国家的剥削。

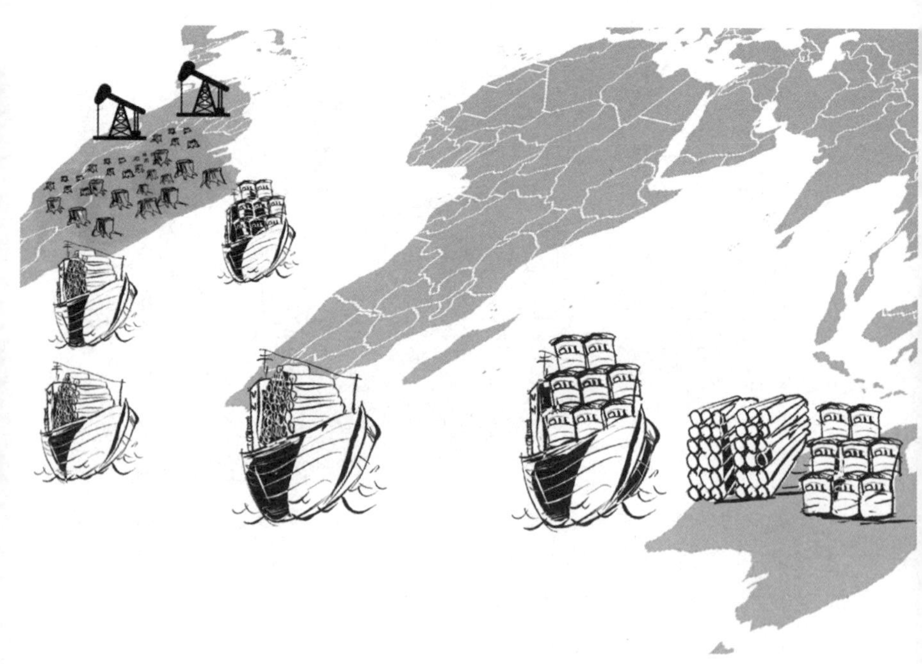

　　世界体系理论让我们从世界一体的角度进行思考。从社会学的角度分析每个国家的处境，需要看到这个国家在世界体系中处于中心、半边缘还是边缘的位置。

　　沃勒斯坦并不认为资本主义的世界体系是一成不变的。随着时间的流逝，有些国家的位置会发生改变，也可能成为这个体系里强有力的领导者。

文化全球化

时空压缩和世界体系属于马克思主义理论对于全球化的分析。它们基于马克思主义立场，强调全球化作为资本主义发展的产物，并指出全球化带来了日益严峻的社会经济不平等。在马克思主义视角之外，也有其他分析全球化的社会学理论。马克思主义和非马克思主义社会学家关于全球化的一个核心争论，是全球化究竟带来了文化同质性还是文化异质性。接下来，我们将会进一步探讨这一问题。

同质性

　　马克思主义理论往往强调全球化促进文化同质性，因为中心国家批量生产出千篇一律的文化商品，再卖到世界各地。文化同质性会破坏各地的本土实践与文化，来自中心国家的实践与文化会取而代之。

　　文化同质性被用于维持中心和边缘之间不平等的经济关系，我们也可以将其解读为文化帝国主义。特别是美国，通过自身的经济实力来实现美国消费品牌的垄断性地位，比如苹果、可口可乐、星巴克和麦当劳。这些品牌反过来也会巩固美国的经济地位。同样的逻辑也体现在美国大众传媒公司的优势地位上，例如 CNN、迪士尼和华纳。这些都反映出美国作为中心国家领导者的地位。

乔治·瑞泽尔（George Ritzer，生于 1940 年）借助马克斯·韦伯关于形式理性的观点，分析了"麦当劳化"现象，为文化同质性提供了一个细致的研究范例。韦伯认为现代社会的特征是形式理性系统逐渐占据主导地位。

乔治·瑞泽尔

瑞泽尔认为麦当劳在快餐领域的运作方式（特别是它建立的理性系统）逐渐开始主导美国社会的其他领域，并在全球范围内扩散。

　　麦当劳化的主要特征是效率、可计算性、可预测性和控制，主要通过机器取代人的方式实现。麦当劳化将一项工作逐级分解到最小的层级，再将这项工作变得理性化，也就是找出效率最高且最符合逻辑的工作方式。如此一来这项工作每次都能以同样的方式完成，并产出期望中可预测的结果。此外，数量（或者说可计算性）成为衡量工作业绩的指标。

　　瑞泽尔认为，上述原则已经从快餐业引入全球几乎所有的机构。正因此，麦当劳化就是全球同质化的一个范例。

异质性

　　对于全球化带来同质性的说法，有一种主要的批评与文化有关。虽然社会学家承认文化现象已经变得全球化了，但是不同文化的流动构成了一幅复杂的图景。接触其他文化并不意味着思想观念上的转变。

　　全球各地的社会群体消费着同样的文化符号，但是他们会加以调整，或者改变文化符号的意涵，让这些文化符号与本地的习俗和经验相协调。在某种意义上，跨国公司根据当地条件调整产品的做法也是出于同样的逻辑。所以印度的星巴克会为当地市场提供特殊的口味。

异质性同样体现在当地居民从自身独特的经验出发，对全球文化商品进行重新解读或改编。**洪美恩**（May Ien Ang，生于 1954 年）研究了全球各地的观众如何观看 20 世纪 80 年代的美国肥皂剧《达拉斯》。洪美恩发现，不同国家的观众会从不同的角度来解读这部电视剧。

全球本土化

在一些社会学家看来，本土传统与全球现代性的碰撞，代表了一种混杂性。当两种或更多不同形式的事物混杂在一起时，可以产生出新的东西。**罗兰·罗伯森**（Roland Robertson，1938—2022）造出了"全球本土化"（glocalization）一词，用于解释人们如何用本土文化来重新解读全球化的文化产品。全球化的文化受限于本土文化对它的接纳。

全球本土化同时还起源于跨国公司的市场营销策略。这些公司想让自己的产品销往世界各地，就要对广告和产品进行调整，迎合当地消费者群体的文化身份认同。

风险社会

　　既然全球化趋势如此汹涌，那么它是否深刻地改变了我们的社会？德国社会学家**乌尔里希·贝克**（Ulrich Beck，1944—2015）正是这样想的。他认为全球化释放出的力量连它自己都无法完全掌控，带来的后果是贝克所说的"风险社会"。风险作为一种当代社会状况，在这里是指由于人为的危险而产生的不确定感。贝克勾勒出几个重要领域的"风险"。

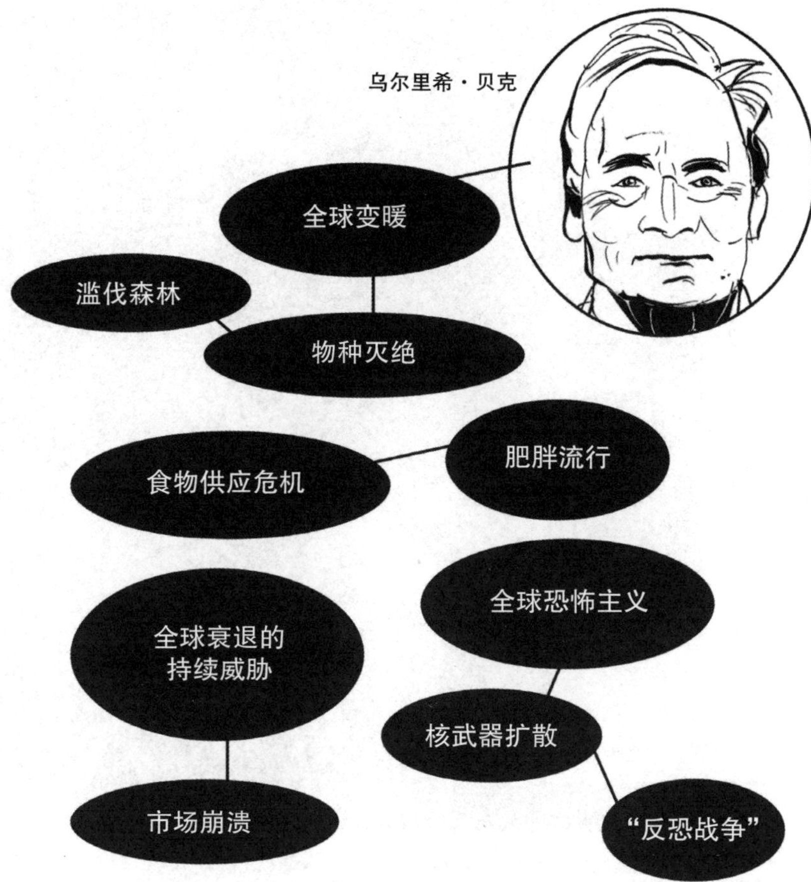

　　贝克认为风险是全球范围的，超出了民族国家的边界。在日常生活中，我们必须应对各种各样的风险。我们的政府和公共部门对于风险的应对不力，会加剧持续性的危机感和不确定感。贝克追溯了我们形成当前心态和系统性应对的历史，概括出过去几个世纪里人类社会在回应风险上的变化。在中世纪晚期，风险和危害主要源于自然界，例如地震、火山喷发和瘟疫。

　　紧随中世纪而来的是贝克所谓的"第一现代性"（first modernity），大致从 17 世纪到 20 世纪 60 年代。这一时期人类社会经历了急剧的经济、政治、文化和社会的现代化。

第一现代性

　　第一现代性的特征就是工业化工厂经济的兴起。这一经济模式运用自然原材料进行大规模的商品生产。彼时的人们相信，只要他们想要，自然界就有取之不尽用之不竭的资源。现代化同时也带来了新的政治形势：民主政府的出现和公民权利的发展。后来，人们开始要求社会权利，例如公共住房、就业和医疗保障。这就推动了福利国家的出现。结果，国家变得更加强大，能够对公共生活的更多方面进行干预。

　　第一现代性也让社会生活出现了剧烈的转型。我们见证了传统消亡的过程。旧有的等级制度和习俗变得不再常见，宗教权威就是一个例子。

第二现代性

　　第二现代性——也就是风险社会——释放出了**"反思性现代化"**（reflexive modernization）的力量。虽然贝克并未明确提出第二现代性的起始时间，一般认为大致始于 20 世纪 70 年代。随着英国社会**战后共识**（post-war consensus）的终结，人们不再认为混合型经济与强有力的福利国家的结合能够带来更加公平的社会。风险社会也反映出我们的社会意识到了日益严峻的全球问题，比如金融市场和环境问题。

　　在第二现代性中，我们感知到的风险来自"人为"问题。甚至特别讽刺的是，原本应该对我们有益的社会政策反而变成了问题所在。过去，充分就业和福利国家为个人编织了一张安全网，但是在第二现代性时期，这些全都消失不见了。人们现在的工作往往是短期合同制，担忧着随时会被裁员，没有任何工作安全感。在第二现代性时期，人们不再认为科学和技术是积极正面的，不相信它们能够带来人类的进步。相反，我们不信任科学，惧怕它对世界的影响。

应对风险

　　我们如何在社会和个人层面上应对第二现代性的风险社会？一些社会学家关注我们如何以不同方式尝试抵消风险，以及如何重建对生活的安全感和掌控感。社会学家承认这并不容易，并且这样的尝试可能会带来相当糟糕的后果。

　　风险社会可以说是在鼓励我们成为个体，但是它让我们无所依靠、孤立无援。作为回应，我们可以试着培养一种社群意识，找到我们的归属感和安全感。但是，在最坏的情况下，带有排外性质甚至种族主义的社群可能会由此诞生。

新的机会？

　　乌尔里希·贝克认为全球主义和风险社会为积极的社会变革带来了新的机遇。如果我们所面临的许多问题都是全球性的，这就要求我们采用全球性的思维方式来处理它们。类似的全球问题包括气候变化、环境破坏、粮食风险、核武器、全球金融风险、基因克隆和"反恐战争"。贝克指出，民族国家不再具备单独解决这些问题的能力。

　　贝克认为，许多民族国家的政治和经济力量开始减弱，而这并不完全是一件坏事。贝克看出这是一个机会，我们可以通过跨国界的合作来着手处理全球问题。

世界性的视野

贝克呼吁我们培养"世界性的视野"。我们不能单独考虑自己国家的利益和顾虑，而是应该看到在全球层面上人类整体的未来和命运是如何绑定在一起的。贝克注意到民族国家的力量大不如前，但同时他也没有在跨国机构和企业身上看到世界性的想象力。贝克认为普通人将在这个过程中扮演关键角色。

全球公民社会

　　世界性的视野在发展全球公民社会的过程中至关重要。全球公民社会是指超越家庭、国家社会、政治和经济制度的观念、价值、制度、组织、网络和个人所组成的领域。全球公民社会是典型的"自下而上的全球化"。

　　不同于跨国企业自上而下塑造的全球化进程，全球公民社会代表了普通公民控制全球化的努力。展现人民力量的做法包括：选择食用可持续生产的绿色食品，拒绝剥削性劳动制造出来的衣服。

国际非政府组织

  一般认为全球公民社会有两种类型。第一种类型是**国际非政府组织**（international non-governmental organizations，INGOs），它们的行动和目标以全球或跨国为参考框架。国际非政府组织处理人权和环境问题，以及人道主义灾害救援。这方面的例子有核裁军运动、绿色和平组织和乐施会等。国际非政府组织是半科层化的机构，通过长时间参与公共事务获得民众支持。它们与各国政府或企业建立了长期合作关系，由此推动政策变革，让国家遵守全球人权规范，鼓励跨国公司采用更清洁的可再生能源。

全球社会运动

第二种全球公民社会类型是社会运动。社会运动通过持续性动员来实现政治目标。它们的基础是人民的力量，参与的成员之间相对平等，有着共同的信念和团结的精神，并采用抗争的方式。

这样的基层运动是全球性的，因为它们在很多国家都发生过并且得到了当地人的支持。在相对富裕的国家，全球公民行动以消费者抵制的方式来支持贫穷国家的人民。西方国家的社会运动同时也会受到所谓"全球南方"（Global South）等相关运动的启发。

推动全球公民社会发展的一个重要工具是社交媒体。社交网络作为一种高效的信息传递方式，让运动参与者能够在全球范围内传递观点和争论，分享运动的过程，以跨越国境的方式来影响公众舆论。

例如，2011 年，为了抗议社会和经济不平等，美国纽约出现了"占领华尔街"运动。随后，这场运动通过社交网络，延伸到了全球超过 1000 个城市。

全球变迁？

　　全球公民社会是否真的能够改变全球化的特征？因为这些运动的目标并不是政治上的一官半职，所以我们很难衡量它们所带来的直接改变。但是，从社会学的角度来看，可以说这些运动在很多方面都产生了深远的影响。

社会运动

我们了解了全球社会运动的力量，不过我们也有必要了解在全球化时代之前的社会运动。社会学家研究社会运动，一方面是因为社会运动是社会变迁的重要指标，另一方面也因为社会运动是社会变革的动力。

当一群人发现社会生活的某个具体方面对他们来说不公平，他们便会参与社会运动以尝试改变现状。比较有名的社会运动的例子包括女权主义、同性恋权益、动物权益、非裔美国人的公民权益和"绿色运动"。

社会运动：旧与新

　　社会学界争论的一个话题是：在多大程度上我们能够区分出"新"和"旧"的社会运动。意大利社会学家**阿尔贝托·梅卢奇**（Alberto Melucci，1943—2001）认为，在新旧社会运动之间存在着明显的区别，而且这些差异是社会变迁的结果。

　　前几代人的集体行动主要是产业工人要求提高权益和工资。另一种与之相关的旧社会运动是争取国内的公民权利和平等。例如，妇女权益运动要求女性也有投票权，民权运动则呼吁非裔美国人应享有平等的公民身份。

译者注：图中文字意为：纽约的女人没有投票权。

后物质主义

　　梅卢奇认为西方社会自 20 世纪 60 年代以来经历了剧烈的社会变迁。我们现在生活在后工业社会，这影响着我们的价值观和优先目标。梅卢奇引用了另一位社会学家**罗纳德·英格尔哈特**（Ronald Inglehart，1934—2021）的作品。英格尔哈特认为人们会把他们的目标按等级排序。

　　当我们身处经济萧条和不稳定的时期，我们的优先目标是满足物质需求，比如金融问题、强大的国防以及法律和秩序等。如果物质需求得到满足，我们的优先目标便转向自我表达、生活质量和归属感。这些就是后物质主义的价值观。一个民主社会越是繁荣富强，就越有可能强调后物质主义。后物质主义的价值观追求的是个人能力提升、自由，甚至一个干净的环境。

新社会运动

梅卢奇认为旧社会运动体现的是以物质主义价值观为本的社会。然而，在"二战"后，社会运动开始以后物质主义作为优先目标。

阿尔贝托·梅卢奇

新社会运动的参与者主要是中产阶级，他们的政治立场超越了左翼和右翼。

性曾经一度属于私人领域。不过性少数群体运动让性成为公共议题。他们的诉求包括但不限于停止工作中的歧视和保障婚姻平等。

动物权益保护者让衣着与时尚变成政治议题。他们不仅质疑穿着动物制品者的个人道德，而且也挑战了饲养和生产毛皮、皮革、羊毛产品所涉及的更广泛意义上的社会道德。

尤尔根·哈贝马斯（Jürgen Habermas，生于 1929 年）为分析新旧社会运动做出了重要的贡献。哈贝马斯划分新旧社会运动的标准，首先在于它们关注的社会冲突的不同，其次在于它们是希望整合到他所谓的"系统"之中，还是予以抵制。在工业资本主义社会，劳资冲突和劳工运动是社会运动的主战场。哈贝马斯认为，劳工运动已经被制度化，吸纳到工会和政党政治中。劳资冲突现在主要通过法律和政治途径来解决。

尤尔根·哈贝马斯

生活世界与系统

　　新社会运动与政治系统保持距离。它们的抗争主要在于拒绝哈贝马斯所说的"生活世界的殖民"。"生活世界的殖民"是指科层制国家和经济体系把手伸到了属于私人领域的社会生活中。

　　个人的生活世界是通过社会制度来实现的，比如家庭、宗教、学校和社区。哈贝马斯认为我们的生活世界在当代社会已经被消极地破坏了。复杂的经济和科层制系统延伸到了日常生活的方方面面，产生了合法性危机。

　　像这样划分新旧社会运动是否合理？**克雷格·卡尔霍恩**（Craig Calhoun，生于 1952 年）认为在分析上将新旧社会运动加以区分是没有依据的。

　　卡尔霍恩指出，在过去就有不少社会运动追求属于后物质主义的价值观，比如独立自主和自我实现。以前的女权主义运动、民族主义运动、禁酒运动和宗教运动都带有所谓"新"社会运动的特征。比如，19 世纪以来的工匠运动不但是为了更好的工资待遇和工作条件，同时也是为了维护传统工匠和社群，反对资本主义工业化。在卡尔霍恩看来，这些"旧"社会运动也可以看作人们在努力保护自己的"生活世界"。

从另一个角度来考察当代的新社会运动，可以问它们是否具有属于"旧"社会运动的特征。是否还有当代社会运动在关注物质条件与阶级斗争这样的议题？有一些当代的社会运动似乎难以归类，它们既有旧社会运动的要素，也有新社会运动的要素。

民族和民族主义

我们通常默认世界上的人可以自然而然地划分为不同的民族。社会学家则争论民族在多大程度上可以被视为古代的或现代的。社会学家还会讨论随着全球化带来国界和边界的模糊松动，民族在全球化时代的作用。

原生论

  民族是否由具有相同族群文化和历史的人自然形成的？原生论（primordialism）认为民族起源于有着相同的血脉、亲属关系、种族特征和文化的族群。这一观点认为民族有着悠久的历史。**皮埃尔·凡·登·伯格**（Pierre L.van den Berghe，生于 1933 年）提出了关于民族的一种社会生理学解读。他认为族群有着自己的"亲属网络"，因此族群成员倾向于彼此合作。当族群开始追求自我保护的时候，便形成了民族。族群成员总是聚居在一起。以共同的族群身份生活在一起是人类的核心需求之一。

族群民族主义和公民民族主义

　　原生论与族群民族主义息息相关。族群民族主义认为，只有属于同一个族群的人才能算是这个民族的人。族群民族主义具有很大的危险性，因为它会被用来合理化对非本族群的其他成员的暴力行为。

　　公民民族主义是理解民族的另一种截然相反的方式。公民民族主义对所有公民一视同仁，不会歧视其他种族和族群的人。

维持边界

　　很少有社会学家认同原生论的立场，因为它将族群视为自然存在的实体，由相同血脉和 DNA 的人组成。大多数社会学家认同族群和民族主义是社会建构出来的概念。这种建构主义的立场认为族群并不具备内在的生理或基因特征。**弗雷德里克·巴斯**（Fredrik Barth，1928—2016）认为，我们不应该将族群理解为生物学意义上的自我延续，也不应该认为族群应有明确的领土边界或客观的文化特征。相反，族群是通过建构和维持边界来将彼此区分开来的。它们在与其他族群的对比中界定自己的身份。族群是社会建构的。

弗雷德里克·巴斯

现代主义

欧内斯特·盖尔纳（Ernest Gellner，1925—1995）认为，如果说族群是社会建构的，那么民族也是如此。民族主义是现代社会必然的产物。

按照盖尔纳的看法，前现代社会——其特点是存在着大量的文盲并且农村人口的流动水平很低——并不需要民族国家。

现代工业社会的到来引发了剧烈的社会变迁，产生了新的社会分层和个人主义。民族主义由此在现代社会中扮演了关键角色。民族主义是被发明出来的，它是用于让人们团结一致的工具。

欧内斯特·盖尔纳

现代国家缺乏与人民的紧密联系，它需要灌输统治的合法性。所以，国家创造出民族的观念，要求所有民众予以认同，从而培育出人民的忠诚。

民族主义通过国家的集中化和标准化的方式得到普及。民族身份认同由国家通过教育系统推广开来并得以延续。历史课程是标准化的，这样属于这个民族的每一个孩子都能学习到民族英雄、国王和皇后的伟大事迹。

想象的共同体

本尼迪克特·安德森（Benedict Anderson，1936—2016）同意盖尔纳关于民族是被创造出来的观点。但是他特别指出，印刷技术的发展和大众媒体的出现，对于民族主义的发展至关重要。民族观念通过国家级的报纸和大众文学而广为流传。这些印刷媒体，特别是报纸，传播着关于民族认同的共识。原本这个国家不同地区的人民彼此缺乏联系，通过阅读他们突然感受到了一种共同的民族归属感。

族群－象征主义

安东尼·史密斯（Anthony D.Smith，1939—2016）声称像盖尔纳和安德森这样的现代主义者过分强调了民族的建构特征。史密斯认为，民族国家是相对现代的产物，但是民族的历史更为悠久。换句话说，民族认同早就存在了，但是民族国家直到 19 世纪末才出现。

史密斯发现，为了创建新的民族国家，建国者们通常要借助既有的族群－民族传统、习俗、认同和仪式。史密斯称之为"族群－象征主义"。民族主义者使用了一系列的神话、记忆、价值和符号，以此来展现这个民族的永恒不朽。

安东尼·史密斯

　　在现代主义与原生主义的争论中，族群—象征主义在艰难地调和两种立场：史密斯同意民族国家是一种现代发明，但他不认为民族国家仅仅是为了应对工业社会的挑战而被无中生有地创造出来。建国者们需要借用已有的民族传统。

　　史密斯同时也批评现代主义立场，认为它无法解释人们对民族主义的激情。它无法回答这个问题：为什么人们会为国捐躯？对史密斯而言，答案在于由共同的记忆和祖先所构成的"神圣共同体"。那些对民族倾注了很深的归属感的人，他们需要相信这个民族是一种原生存在的自然力量。民族主义者通过古老的民族符号和神话，鼓励大家从原生论的角度来看待民族。"上帝的选民"这样的神话就是一种特别有力的叙事。

全球化和民族主义

民族和民族主义如何回应全球化？**艾瑞克·霍布斯鲍姆**（Eric Hobsbawm，1917—2012）认为民族主义的时代即将走到终点。民族主义之所以被建构出来，是因为它契合以工业化和印刷技术为主导的前一个历史时期。在后工业社会和高度全球化的经济中，民族主义不再扮演必不可少的角色。

普遍认为，民族国家作为一种社会制度，正在变得越来越不重要。随着民族国家整合进入由跨国企业主导的全球经济体，它们在经济决策上的权力大不如前。民族国家在政治决策上的力量也在减弱，如今权力转移到了欧盟、联合国、世界银行和北约这样的跨国组织。我们的文化选择也同样经历了全球化。

艾瑞克·霍布斯鲍姆

　　但是，民族主义并没有就此消失。自冷战在 1991 年结束后，全球范围内发生过多起严重的民族主义冲突。安东尼·史密斯并不认为到了全球化时代民族就不再重要了。如今，在世界各地出现了新一轮的民族主义浪潮，说明民族观念始终长盛不衰，因为它体现了一些深层次的人类需求。安东尼·吉登斯注意到，在全球化的趋势下，相应地出现了"地方民族主义的复兴"。这就是一个悖论。

曼纽尔·卡斯特（Manuel Castells，生于 1942 年）对于全球化和民族主义之间的关系有不同的看法。他认为新一轮的民族主义是对全球化的防御反应。全球化在经济、社会和文化方面的影响，破坏了传统的社会和政治联结。国与国之间的边界消失，带来的是社会的不稳定和对未来的不确定感。

民族主义是社会群体面对上述危机时尝试采取的自我防御方式。新一轮的民族主义是以旧式的族群民族主义的形式出现的，带有仇外和排外的特征。

撼动世界？

好吧，你可能会想，社会学或许能够很好地解释我们的世界，但它真的能够带来什么改变吗？你环顾四周后，得出一个合情合理的结论：我们还是生活在一个充斥着个人和群体之间不平等的世界。我们还是面对着父权制、恐同症、经济剥削、排外心理和种族主义。这样看来，社会学在解决社会不平等问题上似乎无能为力？

　　面对着一门有着上百年历史的学科，我们应该如何评价社会学的"作用"呢？由于社会学家们对于什么是他们所期望的社会没有达成共识，这个问题就变得更加复杂了。

　　就这一点而言，我们可以回应的是，有的社会学观点已经被政府采纳。比如安东尼·吉登斯在 20 世纪 90 年代与英国政府围绕社会正义相关的政策展开合作。社会学家也是媒体的常客，受邀分析各种社会现象与问题，帮助公众更好地理解和应对它们。

　　如果我们把眼光仅仅局限在社会学对政府和政策的影响，我们将忽视这门学科更大的影响力。社会学家**迈克尔·布洛维**（Michael Burawoy，生于 1947 年）认为，我们应该从另一个角度来理解社会学的作用，那就是将它视为一面镜子，透过这面镜子我们得以审视我们自身和我们的社会。

　　我们时常会看不到这面镜子，或者看不清镜子里的景象。当我们仔细地辨认自己在镜子里的形象，我们就会问这是不是我们喜欢的样子，以及我们能不能让它变得更好。

参考书目

Ang, I. (2013) *Watching* Dallas*: Soap opera and the melodramatic imagination.* Routledge.

Beck, U. (1992) *Risk Society: Towards a new modernity* (Vol. 17). Sage.

Butler, J. (2011) *Gender Trouble: Feminism and the subversion of identity.* Routledge.

Bourdieu, P. (1984) *Distinction: A social critique of the judgement of taste.* Harvard University Press.

Connell, R.W. (2005) *Masculinities.* University of California Press.

Du Bois, W.E.B., & Edwards, B.H. (2007) *The Souls of Black Folk.* Oxford University Press.

Durkheim, E., & Giddens, A. (1972) *Emile Durkheim: Selected writings.* Cambridge University Press.

Gellner, E. (2008) *Nations and Nationalism.* Cornell University Press. Foucault, M. (1980) Power/Knowledge: Selected interviews and other writings, 1972–1977. Pantheon.

Foucault, M. (2012) *The History of Sexuality, Vol. 2: The use of pleasure.* Vintage.

Fulcher, J., & Scott, J. (2003) *Sociology.* Oxford University Press.

Gilroy, P. (2013). There Ain't No Black in the Union Jack. Routledge.

Goffman, E. (1978) *The Presentation of Self in Everyday Life.* Harmondsworth.

Harvey, D. (1989) *The Condition of Postmodernity: An enquiry into the origins of cultural change.* John Wiley & Sons.

Habermas, J. (1991) *The Structural Transformation of the Public Sphere: An inquiry into a category of bourgeois society.* MIT Press.

Hochschild, A.R. (2003) *The Managed Heart: Commercialization of human feeling.* University of California Press.

Inglehart, R. (2015) *The Silent Revolution: Changing values and political styles among Western publics.* Princeton University Press.

Lyon, D. (2001) *Surveillance Society: Monitoring everyday life.* McGraw-Hill Education (UK).

Lyotard, J.F. (1984) *The Postmodern Condition: A report on knowledge* (Vol. 10).

University of Minnesota Press.

Macionis, J.J., & Plummer, K. (2005) *Sociology: A global introduction*. Pearson Education.

Mills, C.W. (2000) *The Sociological Imagination*. Oxford University Press. Modood, T. (2013) *Multiculturalism*. John Wiley & Sons.

Ritzer, G. (2011) *The McDonaldization of Society*. Pine Forge Press.

Robertson, R. (1992). *Globalization: Social theory and global culture* (Vol. 16). Sage.

Wallerstein, I.M. (2004). World-Systems Analysis: An introduction. Duke University Press.

Weber, M. (2002). The Protestant Ethic and the Spirit of Capitalism: And other writings. Penguin.

索引

图画通识丛书

第一辑

伦理学
心理学
逻辑学
美学
资本主义
浪漫主义
启蒙运动
柏拉图
亚里士多德
莎士比亚

第二辑

语言学
经济学
经验主义
意识
时间
笛卡尔
康德
黑格尔
凯恩斯
乔姆斯基

第三辑

科学哲学
文学批评
博弈论
存在主义
卢梭
瓦格纳
尼采
罗素
海德格尔
列维－斯特劳斯

第四辑

人类学
欧陆哲学
现代主义
牛顿
维特根斯坦
本雅明
萨特
福柯
德里达
霍金